江西省地方标准

江西省高速公路沥青路面施工技术规范
（试行）

Technical Specification for Construction of Expressway Asphalt Pavement in Jiangxi Province
（Try out）

DB 36/T 577—2010

主编单位:江西省交通科学研究院
江西赣粤高速公路股份有限公司
批准部门:江西省质量技术监督局
实施日期:2010 年 09 月 01 日

人民交通出版社

2010 · 北京

图书在版编目(CIP)数据

江西省高速公路沥青路面施工技术规范:试行/江西省交通科学研究院，江西赣粤高速公路股份有限公司编著.—北京:人民交通出版社,2010.11

ISBN 978-7-114-08744-8

Ⅰ.①江… Ⅱ.①江… ②江… Ⅲ.①高速公路—沥青路面—工程施工—规范—江西省 Ⅳ.①U416.217-65

中国版本图书馆CIP数据核字(2010)第210991号

书　　名: **江西省高速公路沥青路面施工技术规范（试行）**
著 作 者: 江西省交通科学研究院、江西赣粤高速公路股份有限公司
责任编辑: 丁润铎　李　喆
出版发行: 人民交通出版社
地　　址: （100011）北京市朝阳区安定门外外馆斜街3号
网　　址: http://www.ccpress.com.cn
销售电话: （010）59757969，59757973
总 经 销: 人民交通出版社发行部
经　　销: 各地新华书店
印　　刷: 北京市密东印刷有限公司
开　　本: 880×1230　1/16
印　　张: 6.25
字　　数: 125千
版　　次: 2010年11月　第1版
印　　次: 2010年11月　第1次印刷
书　　号: ISBN 978-7-114-08744-8
印　　数: 0001~2000册
定　　价: 20.00元

江西省地方标准批准发布

公　　告

2010年第3号

（总第79号）

省质量技术监督局批准下列2项江西省地方标准，现予以发布（见附表）。

江西省质量技术监督局

二〇一〇年五月十八日

附表：

标 准 号	标准名称	批准日期	实施日期
DB36/T 576—2010	江西省高速公路沥青路面设计规范（试行）	2010-05-18	2010-09-01
DB36/T 577—2010	江西省高速公路沥青路面施工技术规范（试行）	2010-05-18	2010-09-01

前　言

本规范编写组在总结江西省高速公路沥青路面建设经验的基础上，通过对国内外高速公路沥青路面施工技术的调查和分析，依据《公路沥青路面施工技术规范》（JTG F40—2004）、《公路路面基层施工技术规范》（JTJ 034—2000）和国家及行业其他相关技术规范和标准，参考国内相关资料和科研成果，结合江西省高速公路沥青路面施工实际，并积极、慎重地引入新技术、新材料、新工艺，制定了本规范。

本规范提出了江西省高速公路沥青路面施工的相关要求，规范了路面铺筑材料的使用原则、水泥稳定碎石混合料配合比设计方法、密级配沥青稳定碎石混合料的施工工艺、质量控制及验收标准、水泥混凝土桥沥青铺装界面处治技术，引进了热拌沥青混合料GTM 和 Superpave 配合比设计方法。

本规范由江西省交通运输厅归口。

本规范由江西省交通科学研究院负责解释。

各单位在使用过程中，若发现问题或提出意见、建议，请及时与主编单位联系（地址：南昌市庐山南大道 176 号，邮编：330038，电话：0791-8536118，Email：lxfeng@ jxjt. gov. cn），以便修订时参考。

主编单位：江西省交通科学研究院

参编单位：江西赣粤高速公路股份有限公司

主要起草人：许润龙、胡钊芳、雷茂锦、孙斌、廖晓锋、谭生光、彭明、江涛、时宁、刘辉明

前　言

目　　录

目 录

1　总则

1.0.1　为适应江西省高速公路建设需要,建成质量符合要求的高速公路沥青路面,避免因施工质量不良而导致沥青路面过早破坏,特制定本规范。

1.0.2　本规范以《公路路面基层施工技术规范》(JTJ 034—2000)和《公路沥青路面施工技术规范》(JTG F40—2004)为基础,根据我国和江西省高速公路沥青路面的实际发展情况进行编制。

1.0.3　本规范适用于江西省新建和改建高速公路沥青路面的施工。

1.0.4　沥青路面施工必须符合国家环境和生态保护的规定。

1.0.5　沥青路面施工必须有施工组织设计,并保证合理的施工工期。沥青路面不得在气温低于10℃以及雨天、路面潮湿的情况下施工。

1.0.6　沥青面层宜连续施工,避免与可能污染沥青层的其他工序交叉干扰,杜绝施工和运输污染。

1.0.7　沥青路面施工应确保安全,有良好的劳动保护措施。沥青拌和厂应具备防火设施,配制和使用液体石油沥青的全过程严禁烟火。

1.0.8　沥青路面试验检测的实验室应通过认证,取得相应的资质,试验人员持证上岗,仪器设备必须检定合格。

1.0.9　沥青路面工程应积极采用经试验和实践证明有效的新技术、新材料、新工艺。

1.0.10　沥青路面施工除应符合本规范外,尚应符合国家颁布的现行有关标准、规范的规定。特殊地质条件和地区的沥青路面工程,可根据实际情况,制订补充规定。

2 术语、符号、代号

2.1 术语

2.1.1 基层 base course

直接位于沥青面层以下,用符合技术标准要求的材料铺筑的主要承重层,承受由面层传递的车辆荷载,并将荷载分布到底基层或路基上。

2.1.2 底基层 subbase course

在沥青路面基层以下,用符合技术标准要求的材料铺筑的次要承重层。

2.1.3 封层 seal coat

在沥青面层之上或基层之上或在沥青层之间,铺筑的阻止雨水下渗的沥青薄层。

2.1.4 黏层 tack coat

为加强路面沥青层与沥青层之间、沥青层与水泥混凝土路面之间的黏结而洒布的沥青材料薄层。

2.1.5 透层 prime coat

为使沥青面层与非沥青材料基层结合良好,在基层上喷洒液体石油沥青、乳化沥青、煤沥青而形成的透入基层表面一定深度的薄层。

2.1.6 级配碎石 graded crushed rock

粗、中、小碎石集料和石屑各占一定比例的混合料,其颗粒组成符合规定的密实级配要求。

2.1.7 水泥稳定碎石 cement stabilized aggregate

一定数量的水泥、碎石和水,经拌和得到的混合料,在压实和养生后,其抗压强度符合规定的要求。

2.1.8 密级配沥青稳定碎石 dense-graded asphalt treated base

由矿料和沥青组成的有一定级配要求的密级配沥青处治碎石混合料,简称 ATB。

2.1.9 石屑 screenings

轧石场通过筛分设备最小筛孔(通常为5mm或3mm)的细筛余料。其理论颗粒组成为0～$d$mm(d为轧石场用最小筛孔的尺寸)。实际上,石屑中常有部分粒径大于d的超尺寸颗粒。

2.1.10 沥青结合料 asphalt binder,asphalt cement

在沥青混合料中起胶结作用的沥青类材料(含添加的外掺剂、改性剂等)的总称。

2.1.11 乳化沥青 emulsified bitumen,asphalt emulsion,emulsified asphalt

石油沥青与水在乳化剂、稳定剂等的作用下经乳化加工制得的均匀的沥青产品,也称沥青乳液。

2.1.12 液体沥青 liquid bitumen,cutback asphalt

用汽油、煤油、柴油等溶剂将石油沥青稀释而成的沥青产品,也称轻制沥青或稀释沥青。

2.1.13 改性沥青 modified bitumen,modified asphalt cement

掺加橡胶、树脂、高分子聚合物、天然沥青、磨细的橡胶粉或者其他材料等外掺剂(改性剂),使沥青或沥青混合料的性能得以改善而制成的沥青结合料。

2.1.14 改性乳化沥青 modified emulsified bitumen,modified asphalt emulsion

在制作乳化沥青的过程中同时加入聚合物胶乳,或将聚合物胶乳与乳化沥青成品混合,或对聚合物改性沥青进行乳化加工得到的乳化沥青产品。

2.1.15 沥青混合料 bituminous mixtures,asphalt

由矿料与沥青结合料拌和而成的混合料的总称。按材料组成及结构分为连续级配混合料、间断级配混合料,按矿料级配组成及空隙率大小分为密级配、半开级配、开级配混合料。按公称最大粒径的大小可分为特粗式(公称最大粒径等于或大于31.5mm)、粗粒式(公称最大粒径26.5mm)、中粒式(公称最大粒径16mm或19mm)、细粒式(公称最大粒径9.5mm或13.2mm)、砂粒式(公称最大粒径小于9.5mm)沥青混合料。按制造工艺分为热拌沥青混合料、冷拌沥青混合料、再生沥青混合料等。

2.1.16 密级配沥青混合料 dense-graded bituminous mixtures,dense-graded asphalt mixtures

按密实级配原理设计组成的各种粒径颗粒的矿料,与沥青结合料拌和而成,分为设计空隙率较小(对不同交通及气候情况、层位可作适当调整)的密实式沥青混凝土混合料(以AC表示)和密实式沥青稳定碎石混合料(以ATB表示)。按关键性筛孔通过率的不同又可分为细型、粗型密级配沥青混合料等。粗集料嵌挤作用较好的也称嵌挤密实型沥青混合料。

2.1.17 开级配沥青混合料 open-graded bituminous paving mixtures, open graded asphalt mixtures

矿料级配主要由粗集料嵌挤组成,细集料及填料较少,设计空隙率为18%的混合料。

2.1.18 间断级配沥青混合料 gap-graded bituminous paving mixtures, gap-graded asphalt mixtures

矿料级配组成中缺少1个或几个粒径档次(或用量很少)而形成的沥青混合料。

2.1.19 沥青玛蹄脂碎石混合料 stone mastic asphalt, stone matrix asphalt

由沥青结合料与少量的纤维稳定剂、细集料以及较多量的填料(矿粉)组成的沥青玛蹄脂,填充于间断级配的粗集料骨架的间隙,组成一体形成的沥青混合料,简称SMA。

2.1.20 松铺厚度 thickness of uncompacted layer

用各种不同方法摊铺任何一种混合料时,未经压实的材料层厚度其密实度经常显著小于碾压后达到的规定密实度。

2.1.21 松铺系数 coefficient of loose paving material

材料的松铺厚度与达到规定压实度的压实厚度之比值,精确到小数点后两位。

2.2 符号及代号

本规范各种符号、代号以及意义详见表2.2.1。

表2.2.1 符 号 及 代 号

符号或代号	意　义
A	道路石油沥青
HMA	热拌沥青混合料,Hot Mix Asphalt 之略语
AC	密级配沥青混凝土混合料
SMA	沥青玛蹄脂碎石混合料,Stone Matrix Asphalt(或 Stone Mastic Asphalt)之略语
ATB	密级配沥青稳定碎石混合料
OAC	沥青混合料的最佳沥青用量,Optimum Asphalt Content 之略语
MS	马歇尔稳定度
FL	马歇尔试验的流值
γ_{se}	沥青混合料中合成矿料的有效相对密度
γ_{sb}	沥青混合料中矿料的合成毛体积相对密度

续上表

符号或代号	意　义
γ_{sa}	沥青混合料中矿料的合成表观相对密度
P_a	沥青混合料的油石比
P_b	沥青混合料中的沥青含量
P_{be}	沥青混合料中的有效沥青用量
C	集料的沥青吸收系数
γ_b	沥青的相对密度
γ_t	沥青混合料的最大相对密度
DP	沥青混合料的粉胶比(0.075mm 通过率与有效沥青含量的比值)
VV	压实沥青混合料的空隙率,即矿料及沥青以外的空隙(不包括矿料自身内部的孔隙)的体积占试件总体积的百分率,Volume of Air Voids 之略语
VMA	压实沥青混合料的矿料间隙率,即试件全部矿料部分以外的体积占试件总体积的百分率,Voids in Mineral Aggregate 之略语
VFA	压实沥青混合料中的沥青饱和度,即试件矿料间隙中扣除被集料吸收的沥青以外的有效沥青结合料部分的体积在 VMA 中所占的百分率,Voids Filled with Asphalt 之略语
VCA	粗集料骨架间隙率 Percent Air Voids in Coarse Aggregate 之略语
VCA_{mix}	压实沥青混合料的粗集料骨架间隙率,即试件的粗集料骨架部分以外的体积占试件总体积的百分率,Voids in Coarse Aggregate of Asphalt Mix 之略语
VCA_{DRC}	捣实状态下的粗集料松装间隙率,Voids in Coarse Aggregate 之略语
DS	沥青混合料车辙试验的动稳定度,Dynamic Stability 之略语
EVT	等黏度温度,Equi-viscous Temperature之略语
COC	沥青的克利夫兰杯开式闪点,Cleaveland Open-Cup Method 之略语
TOC	沥青的泰格杯开式闪点,Tag Open-Cup Method 之略语
PSV	石料磨光值,Polished Stone Valve 之略语
FB(BPN)	用摆式仪测定的路面摩擦系数摆值,其单位 BPN 是 British Pendulum(Tester) Number 之略语
RTFOT	沥青的旋转薄膜加热试验,Rolling Thin Film Oven Test 之略语
CL	动态质量管理图上质量指标的平均值
UCL	动态质量管理图上质量控制的上限值
LCL	动态质量管理图上质量控制的下限值
QC/QA	质量控制和质量保证,施工质量管理体系
PMB(或 PMA)	聚合物改性沥青,Polymer Modified Bitumen(或 Asphalt)之略语
SBS	苯乙烯—丁二烯—苯乙烯嵌段共聚物,Styrene-Butadiene-Styrene Block Copolymer 之略语
Superpave	美国 SHRP(Stratebic Highway Reseach Program)沥青混合料配合比设计体系的注册名称,Superior Performing Asphalt Pavements 之略语
GTM	美国工程兵旋转压实剪切试验机,Gyratory Testing Machine 之略语,用于沥青混合料的配合比设计

3 路基

3.1 高速公路基层施工前,应对路基作全面检查

3.2 路基外形检查

路基外形检查的内容有路基的高程、中线偏位、宽度、横坡度和平整度。

3.3 路基强度检查

3.3.1 碾压检查:用(18 ~21t)三轮压路机或满载自卸汽车以低挡速度沿路基表面作全面检查(碾压3 ~4 遍),不得有松散和弹簧现象,发现表土过干、表面松散应适当洒水碾压密实;如土过湿发生弹簧现象,应采取开挖晾晒、换土、掺石灰或粒料等措施进行处理。

3.3.2 弯沉检查:用 BZZ-100 标准车以规定频率检查路基表面回弹弯沉,按测试季节算出代表弯沉值,不大于设计算得的允许值。

3.4 路基沉降检查

路基完成后,在条件允许的情况下,宜进行沉降检查,沉降速率连续两个月都小于5mm/月,才可铺筑底基层。

检查内容、频率与标准应符合《公路工程质量检验评定标准》(JTG F80/1—2004)的要求。

4 材料

4.1 一般规定

4.1.1 各种材料运至现场后必须取样进行质量检验,经评定合格方可使用,不得以供应商提供的检测报告或商检报告代替现场检测。

4.1.2 集料粒径规格以方孔筛为准。不同料源、品种、规格的集料不得混杂堆放。细集料需避雨堆放。

4.2 级配碎石底基层材料

4.2.1 碎石中针片状颗粒的总含量应不超过20%。碎石中不应有黏土块、植物等有害物质。

4.2.2 级配碎石中0.5mm以下颗粒的液限不应超过25%,塑性指数不应超过6。

4.2.3 在塑性指数偏大的情况下,塑性指数与0.5mm以下细土含量的乘积应不大于100。

4.2.4 级配碎石所用石料的压碎值应不大于30%。

4.2.5 凡是饮用水(含牲畜饮用水)均可用于级配碎石施工。

4.3 水泥稳定碎石基层材料

4.3.1 水泥稳定碎石所用碎石应满足如下要求:

(1)单个颗粒的最大粒径不应超过31.5mm。

(2)对所用的碎石,应预先筛分成3~4个不同粒级,然后配合,使颗粒组成符合水泥稳定碎石设计级配范围。

(3)碎石中0.5mm以下颗粒的液限不应超过25%,塑性指数不应超过6。

4.3.2 水泥稳定碎石中碎石的压碎值应不大于30%。

4.3.3 普通硅酸盐水泥、矿渣硅酸盐水泥和火山灰质硅酸盐水泥都可用于稳定碎石，宜采用强度等级不低于32.5的缓凝水泥，水泥初凝时间应不小于3h，终凝时间应不小于6h。不应使用快硬水泥、早强水泥以及已受潮变质的水泥。

4.3.4 凡是饮用水(含牲畜饮用水)均可用于水泥稳定碎石施工。

4.4 沥青混合料路面材料

4.4.1 道路石油沥青

(1)采用优质A级70号或50号道路石油沥青，技术要求见表4.4.1。如果采用Superpave设计方法进行沥青混合料配合比设计，则应根据Superpave设计方法明确沥青SHRP性能等级的要求。

表4.4.1 道路石油沥青技术指标

<table>
<tr><th colspan="2">检验项目</th><th>单位</th><th>70号沥青</th><th>50号沥青</th><th>试验方法</th></tr>
<tr><td colspan="2">针入度(25℃,100g,5s)</td><td>0.1mm</td><td>60~80</td><td>40~60</td><td>T 0604</td></tr>
<tr><td colspan="2">针入度指数PI</td><td></td><td colspan="2">-1.5~1.0</td><td>T 0604</td></tr>
<tr><td colspan="2">延度(5cm/min,10℃)</td><td>cm</td><td colspan="2">≥15</td><td>T 0605</td></tr>
<tr><td colspan="2">延度(5cm/min,15℃)</td><td>cm</td><td>≥100</td><td>≥80</td><td>T 0605</td></tr>
<tr><td colspan="2">软化点(环球法)</td><td>℃</td><td>≥46</td><td>≥49</td><td>T 0606</td></tr>
<tr><td colspan="2">溶解度(三氯乙烯)</td><td>%</td><td colspan="2">≥99.5</td><td>T 0607</td></tr>
<tr><td colspan="2">闪点(COC)</td><td>℃</td><td colspan="2">≥260</td><td>T 0611</td></tr>
<tr><td colspan="2">含蜡量(蒸馏法)</td><td>%</td><td colspan="2">≤2.2</td><td>T 0615</td></tr>
<tr><td colspan="2">密度(15℃)</td><td>g/cm^3</td><td colspan="2">实测记录</td><td>T 0603</td></tr>
<tr><td colspan="2">动力黏度(绝对黏度,60℃)</td><td>Pa·s</td><td>≥180</td><td>≥200</td><td>T 0620</td></tr>
<tr><td rowspan="3">薄膜加热试验
(163℃,5h)</td><td>质量损失</td><td>%</td><td colspan="2">≤±0.8</td><td rowspan="3">T 0610</td></tr>
<tr><td>针入度比</td><td>%</td><td>≥61</td><td>≥63</td></tr>
<tr><td>延度(10℃)</td><td>cm</td><td>≥6</td><td>≥4</td></tr>
</table>

(2)除长期不使用的沥青可放在自然温度下存储外，沥青在储罐中的储存温度不宜低于130℃，并不得高于170℃。桶装沥青应直立堆放，加盖苫布。

4.4.2 乳化沥青

(1)乳化沥青适用于喷洒透层、黏层与封层等。乳化沥青的品种和适用范围宜符合表4.4.2-1的规定。

表 4.4.2-1 乳化沥青品种及适用范围

分　类	品种及代号	适用范围
阳离子乳化沥青	PC-1	下封层用
	PC-2	透层油及基层养生用
	PC-3	黏层油用
	BC-1	稀浆封层用
阴离子乳化沥青	PA-1	下封层用
	PA-2	透层油及基层养生用
	PA-3	黏层油用
	BA-1	稀浆封层用
非离子乳化沥青	PN-2	透层油用

(2)乳化沥青的质量应符合表 4.4.2-2 的规定。在高温条件下宜采用黏度较大的乳化沥青,寒冷条件下宜使用黏度较小的乳化沥青。

表 4.4.2-2 乳化沥青技术要求

<table>
<tr><th colspan="2" rowspan="4">试验项目</th><th rowspan="4">单位</th><th colspan="9">品种及代号</th><th rowspan="4">试验方法</th></tr>
<tr><th colspan="4">阳离子</th><th colspan="4">阴离子</th><th>非离子</th></tr>
<tr><th colspan="3">喷洒用</th><th>拌和用</th><th colspan="3">喷洒用</th><th>拌和用</th><th>喷洒用</th></tr>
<tr><th>PC-1</th><th>PC-2</th><th>PC-3</th><th>BC-1</th><th>PA-1</th><th>PA-2</th><th>PA-3</th><th>BA-1</th><th>PN-2</th></tr>
<tr><td colspan="2">破乳速度</td><td></td><td>快裂</td><td>慢裂</td><td>快裂或中裂</td><td>慢裂或中裂</td><td>快裂</td><td>慢裂</td><td>快裂或中裂</td><td>慢裂或中裂</td><td>慢裂</td><td>T 0658</td></tr>
<tr><td colspan="2">粒子电荷</td><td></td><td colspan="4">阳离子(+)</td><td colspan="4">阴离子(-)</td><td>非离子</td><td>T 0653</td></tr>
<tr><td colspan="2">筛上残留物(1.18mm 筛)</td><td>%</td><td colspan="4">≤0.1</td><td colspan="4">≤0.1</td><td>≤0.1</td><td>T 0652</td></tr>
<tr><td rowspan="2">黏度</td><td>恩格拉黏度计 E_{25}</td><td rowspan="2">s</td><td>2~10</td><td>1~6</td><td>1~6</td><td>2~30</td><td>2~10</td><td>1~6</td><td>1~6</td><td>2~30</td><td>1~6</td><td>T 0622</td></tr>
<tr><td>道路标准黏度计 $C_{25.3}$</td><td>10~25</td><td>8~20</td><td>8~20</td><td>10~60</td><td>10~25</td><td>8~20</td><td>8~20</td><td>10~60</td><td>8~20</td><td>T 0621</td></tr>
<tr><td rowspan="4">蒸发残留物</td><td>残留分含量</td><td>%</td><td>≥50</td><td>≥50</td><td>≥50</td><td>≥55</td><td>≥50</td><td>≥50</td><td>≥50</td><td>≥55</td><td>≥50</td><td>T 0651</td></tr>
<tr><td>溶解度</td><td>%</td><td colspan="4">≥97.5</td><td colspan="4">≥97.5</td><td>97.5</td><td>T 0607</td></tr>
<tr><td>针入度(25℃)</td><td>0.1mm</td><td>50~200</td><td>50~300</td><td colspan="2">45~150</td><td>50~200</td><td>50~300</td><td colspan="2">45~150</td><td>50~300</td><td>T 0604</td></tr>
<tr><td>延度(15℃)</td><td>cm</td><td colspan="4">≥40</td><td colspan="4">≥40</td><td>≥40</td><td>T 0605</td></tr>
<tr><td colspan="2">与粗集料的黏附性,裹附面积</td><td></td><td colspan="3">≥2/3</td><td>—</td><td colspan="3">≥2/3</td><td>—</td><td>≥2/3</td><td>T 0654</td></tr>
<tr><td colspan="2">与粗、细粒式集料拌和试验</td><td></td><td colspan="3">—</td><td>均匀</td><td colspan="3">—</td><td>均匀</td><td>—</td><td>T 0659</td></tr>
</table>

续上表

试验项目		单位	品种及代号									试验方法
			阳离子				阴离子				非离子	
			喷洒用			拌和用	喷洒用			拌和用	喷洒用	
			PC-1	PC-2	PC-3	BC-1	PA-1	PA-2	PA-3	BA-1	PN-2	
水泥拌和试验的筛上剩余		%	—				—				—	
常温储存稳定性	1d	%	≤1				≤1				≤1	T 0655
	5d	%	≤5				≤5				≤5	T 0655

注:1. P 为喷洒型,B 为拌和型,C、A、N 分别表示阳离子、阴离子、非离子乳化沥青。
2. 黏度可选用恩格拉黏度计或沥青标准黏度计之一测定。
3. 表中的破乳速度、与集料的黏附性、拌和试验的要求与所使用的石料品种有关,质量检验时应采用工程上实际的石料进行试验,仅进行乳化沥青产品质量评定时可不要求此三项指标。
4. 储存稳定性根据施工实际情况选用试验时间,通常采用 5d,乳液生产后能在当天使用时也可用 1d 的稳定性。
5. 当乳化沥青需要在低温冰冻条件下储存或使用时,尚需按 T 0656 进行 -5℃低温储存稳定性试验,要求没有粗颗粒、不结块。
6. 如果乳化沥青是将高浓度产品运到现场经稀释后使用时,表中的蒸发残留物等各项指标是指稀释前乳化沥青的要求。

(3)乳化沥青类型根据集料品种及使用条件选择。阳离子乳化沥青可适用于各种集料品种,阴离子乳化沥青适用于碱性石料。乳化沥青的破乳速度、黏度宜根据用途与施工方法选择。

(4)乳化沥青宜存放在立式罐中,并保持适当搅拌。储存期以不离析、不冻结、不破乳为度。

4.4.3 液体石油沥青

(1)液体石油沥青适用于透层、黏层。根据使用目的与场所,可选用快凝、中凝、慢凝的液体石油沥青,其质量应符合表 4.4.3 的规定。

表 4.4.3 道路用液体石油沥青技术要求

试验项目		单位	快凝		中凝						慢凝						试验方法
			AL(R)-1	AL(R)-2	AL(M)-1	AL(M)-2	AL(M)-3	AL(M)-4	AL(M)-5	AL(M)-6	AL(S)-1	AL(S)-2	AL(S)-3	AL(S)-4	AL(S)-5	AL(S)-6	
黏度	$C_{25.5}$		<20	—	<20	—	—	—	—	—	<20	—	—	—	—	—	T 0621
	$C_{60.5}$	s	—	5~15	—	5~15	16~25	26~40	41~100	101~200	—	5~15	16~25	26~40	41~100	101~200	
蒸馏体积	225℃前	%	>20	>15	<10	<7	<3	<2	0	0	—	—	—	—	—	—	T 0632
	315℃前	%	>35	>30	<35	<25	<17	<14	<8	<5	—	—	—	—	—	—	
	360℃前	%	>45	>35	<50	<35	<30	<25	<20	<15	<40	<35	<25	<20	<15	<5	

续上表

试验项目		单位	快凝		中凝						慢凝						试验方法
			AL(R)-1	AL(R)-2	AL(M)-1	AL(M)-2	AL(M)-3	AL(M)-4	AL(M)-5	AL(M)-6	AL(S)-1	AL(S)-2	AL(S)-3	AL(S)-4	AL(S)-5	AL(S)-6	
蒸馏后残留物	针入度(25℃)	0.1 mm	60~200	60~200	100~300	100~300	100~300	100~300	100~300	100~300	—	—	—	—	—	—	T 0604
	延度(25℃)	cm	>60	>60	>60	>60	>60	>60	>60	>60	—	—	—	—	—	—	T 0605
	浮漂度(5℃)	S	—	—	—	—	—	—	—	—	<20	<20	<30	<40	<45	<50	T 0631
闪点(TOC 法)		℃	>30	>30	>65	>65	>65	>65	>65	>65	>70	>70	>100	>100	>120	>120	T 0633
含水率		%	≤0.2	≤0.2	≤0.2	≤0.2	≤0.2	≤0.2	≤0.2	≤0.2	≤2.0	≤2.0	≤2.0	≤2.0	≤2.0	≤2.0	T 0612

(2)液体石油沥青宜采用针入度较大的石油沥青,使用前按先加热沥青后加稀释剂的顺序,掺配煤油或轻柴油,经适当的搅拌、稀释制成。掺配比例根据使用要求由试验确定。

(3)液体石油沥青在制作、储存、使用的全过程中必须通风良好,并有专人负责保管,确保安全。基质沥青的加热温度严禁超过140℃,液体沥青的储存温度不得高于50℃。

4.4.4 改性沥青

(1)中、上面层宜采用SBS改性沥青,技术要求应符合表4.4.4的规定。如果采用Superpave设计方法进行沥青混合料配合比设计,则应根据Superpave设计方法明确改性沥青SHRP性能等级的要求。

表4.4.4 SBS改性沥青技术要求

检测项目		技术要求	试验方法
针入度(25℃,100g,5s)(0.1mm)		40~60	T 0604
针入度指数PI		≥0	T 0604
延度(5cm/mim,5℃)(cm)		≥20	T 0605
软化点($T_{R\&B}$)(℃)		≥60	T 0606
运动黏度(135℃)(Pa·s)		≤3	T 0625
闪点(℃)		≥230	T 0611
溶解度(%)		≥99	T 0607
弹性恢复(25℃)(%)		≥75	T 0662
RTFOT试验后	质量损失(%)	≤±1.0	T 0610
	针入度比(25℃)(%)	≥65	
	延度(5cm/mim,5℃)(cm)	≥15	

(2)制造改性沥青的基质沥青应与SBS改性剂有良好的配伍性,其质量宜符合表4.4.1中A级道路石油沥青的技术要求。供应商在提供改性沥青的质量报告时应提供基质沥青的质量检验报告或沥青样品。

(3)改性沥青宜在固定式工厂或在现场设厂集中生产,也可在拌和厂现场边生产边使用,改性沥青的加工温度不宜超过180℃。

(4)现场生产的改性沥青宜随配随用,需作短时间保存,或运送到附近的工地时,使用前必须搅拌均匀,在不发生离析的状态下使用。改性沥青生产设备必须设有随机采集样品的取样口,采集的试样宜立即在现场灌模。

(5)工厂生产的成品改性沥青到达施工现场后存储在改性沥青罐中,改性沥青罐中必须加设搅拌设备并进行搅拌,使用前改性沥青必须搅拌均匀。在施工过程中应定期取样检验产品质量,发现离析等质量不符要求的改性沥青不得使用。

4.4.5 改性乳化沥青

改性乳化沥青宜按表4.4.5-1选用,质量应符合表4.4.5-2的技术要求。

表4.4.5-1 改性乳化沥青的品种和适用范围

品种		代号	适用范围
改性乳化沥青	喷洒型改性乳化沥青	PCR	黏层、封层、桥面防水黏结层用
	拌和用乳化沥青	BCR	改性稀浆封层和微表处用

表4.4.5-2 改性乳化沥青技术要求

试验方法		单位	品种及代号		试验项目
			PCR	BCR	
破乳速度		—	快裂或中裂	慢裂	T 0658
粒子电荷		—	阳离子(+)	阳离子(+)	T 0653
筛上剩余量(1.18mm)		%	≤0.1	≤0.1	T 0652
黏度	恩格拉黏度E_{25}	—	1~10	3~30	T 0622
	沥青标准黏度$C_{25.3}$	s	8~25	12~60	T 0621
蒸发残留物	含量	%	≥50	≥60	T 0651
	针入度(100g,25℃,5s)	0.1mm	40~120	40~100	T 0604
	软化点	℃	≥50	≥53	T 0606
	延度(5℃)	cm	≥20	≥20	T 0605
	溶解度(三氯乙烯)	%	≥97.5	≥97.5	T 0607
与矿料的黏附性,裹覆面积		—	≥2/3	—	T 0654
储存稳定性	1d	%	≤1	≤1	T 0655
	5d	%	≤5	≤5	T 0655

注:1. 破乳速度、与集料黏附性、拌和试验,与所使用的石料品种有关。工程上施工质量检验时应采用实际的石料试验,仅进行产品质量评定时可不对这些指标提出要求。

2. 储存稳定性根据施工实际情况选择试验天数,通常采用5d,乳液生产后能在第二天使用完时也可选用1d。个别情况下改性乳化沥青5d的储存稳定性难以满足要求,如果经搅拌后能够达到均匀一致并不影响正常使用,此时要求改性乳化沥青运至工地后存放在附有搅拌装置的储存罐内,并不断地进行搅拌,否则不准使用。

3. 当改性乳化沥青或特种改性乳化沥青需要在低温冰冻条件下储存或使用时,尚需按T 0656进行-5℃低温储存稳定性试验,要求没有粗颗粒、不结块。

4.4.6 粗集料

(1)宜采用石质坚硬、清洁、不含风化颗粒的碎石。粗集料应满足表4.4.6-1的技术要求。

表4.4.6-1 粗集料质量技术要求

检验项目		单位	技术要求		试验方法
			表面层	中、下面层	
石料压碎值		%	≤26	≤28	T 0316
洛杉矶磨耗损失		%	≤28	≤30	T 0317
视密度		g/cm³	≥2.60	≥2.50	T 0304
吸水率		%	≤2.0	≤3.0	T 0304
坚固性		%	≤12	≤12	T 0314
针片状颗粒含量(混合料)	其中粒径大于9.5mm	%	≤10	≤12	T 0312
	其中粒径小于9.5mm	%	≤12	≤15	T 0312
水洗法<0.075mm颗粒含量		%	≤0.4	≤0.4	T 0310
软石含量		%	≤2	≤2	T 0320
磨光值		BPN	≥42	—	T 0321
对沥青的黏附性		级	≥5	≥4	T 0616

注:1.坚固性试验可根据需要进行。

2.对于3~5规格的粗集料,针片状含量可不予要求,<0.075mm含量可放宽到3%。

(2)粗集料的粒径规格应按表4.4.6-2的规定生产和使用。碎石加工应采用二级或二级以上联合破碎设备,配置的联合破碎设备中应设置冲击式整形破碎设备,严禁单独使用颚式破碎机。碎石破碎机的振动筛宜与沥青拌和楼的振动筛筛孔一致,并根据振动筛的振动频率相应调整筛子的倾斜度。碎石加工应经过干法除尘和水洗工艺。

表4.4.6-2 沥青混合料用粗集料规格

规格名称	公称粒径(mm)	通过下列筛孔(mm)的质量百分率(%)								
		37.5	31.5	26.5	19.0	13.2	9.5	4.75	2.36	0.6
S6	15~30	100	90~100	—	—	0~15	—	0~5	—	—
S7	10~30	100	90~100	—	—	—	0~15	0~5	—	—
S8	10~25	—	100	90~100	—	0~15	—	0~5	—	—
S9	10~20	—	—	100	90~100	—	0~15	0~5	—	—
S10	—	—	—	10~15	100	90~100	0~15	0~5	—	
S11	5~15	—	—	—	100	90~100	40~70	0~15	0~5	—
S12	5~10	—	—	—	—	100	90~100	0~15	0~5	—
S13	3~10	—	—	—	—	100	90~100	40~70	0~20	0~5
S14	3~5	—	—	—	—	—	100	90~100	0~15	0~3

(3)当粗集料与沥青的黏附性不符合要求时,宜对粗集料掺加消石灰、水泥或用饱和石灰水处理后使用,必要时可同时在沥青中掺加耐热、耐水、长期性能好的抗剥落剂,也可采用改性沥青的措施,使沥青混合料的水稳定性检验达到要求。掺加外加剂的剂量由沥青混合料的水稳定性检验确定。

4.4.7 细集料

(1)细集料包括机制砂和石屑,沥青上面层细集料应采用机制砂。细集料应坚硬、洁净、干燥、无风化、无杂质,并有适当颗粒级配,其质量应符合表4.4.7-1的要求。

表4.4.7-1 沥青混合料用细集料质量要求

项目	单位	技术要求	试验方法
表观相对密度	—	≥2.50	T 0328
坚固性(>0.3mm部分)	%	≥12	T 0340
含泥量(小于0.075mm的含量)	%	≤3	T 0333
砂当量	%	≥60	T 0334
亚甲蓝值	g/kg	≤25	T 0349
棱角性(流动时间)	s	≥30	T 0345

(2)石屑是采石场破碎石料时通过4.75mm或2.36mm的筛下部分,其规格应符合表4.4.7-2的要求。采石场在生产石屑的过程中应具备抽吸设备。沥青混合料宜将S14与S16组合使用。

表4.4.7-2 沥青混合料用机制砂或石屑规格

规格	公称粒径(mm)	水洗法通过各筛孔的质量百分率(%)							
		9.5	4.75	2.36	1.18	0.6	0.3	0.15	0.075
S15	0~5	100	90~100	60~90	40~75	20~55	7~40	2~20	0~10
S16	0~3	—	100	80~100	50~80	25~60	8~45	0~25	0~10

注:当生产石屑采用喷水抑制扬尘工艺时,应特别注意含粉量不得超过表中要求。

(3)机制砂宜采用专用的制砂机制造,并选用优质石料生产,其级配应满足S16的要求。

4.4.8 填料

应采用石灰石等碱性石料磨细的矿粉。矿粉必须干燥、清洁、不成团块,矿粉质量满足表4.4.8的技术要求。不得使用拌和机回收粉尘。

表4.4.8 沥青混合料用矿粉质量技术要求

项目	单位	技术要求	试验方法
表观密度	g/cm^3	≥2.50	T 0352
含水量	%	≤1	T 0103(烘干法)

续上表

项目		单位	技术要求	试验方法
粒度范围	<0.6mm	%	100	T 0351
	<0.15mm	%	90~100	T 0351
	<0.075mm	%	75~100	T 0351
外观		—	无团粒结块	—
亲水系数		—	<1	T 0353
塑性指数		%	<4	T 0354
加热安定性		—	实测记录	T 0355

4.4.9 纤维稳定剂

(1)在沥青混合料中掺加的纤维稳定剂宜选用木质素纤维、矿物纤维等,木质素纤维的质量应符合表4.4.9的技术要求。

表4.4.9 木质素纤维质量技术要求

项目	单位	指标	试验方法
纤维长度	mm	≤6	水溶液用显微镜观测
灰分含量	%	18±5	高温590~600℃燃烧后测定残留物
pH值	—	7.5±1.0	水溶液用pH试纸或pH计测定
吸油率	—	不小于纤维质量的5倍	用煤油浸泡后放在筛上经振敲后称量
含水率(以质量计)	%	≤5	105℃烘箱烘2h后冷却称量

(2)纤维应在250℃的干拌温度不变质、不发脆,使用纤维必须符合环保要求,不危害身体健康。纤维必须在混合料拌和过程中能充分分散均匀。

(3)矿物纤维宜采用玄武岩等矿石制造,易影响环境及造成人体伤害的石棉纤维不宜直接使用。

(4)纤维应存放在室内或有棚盖的地方,松散纤维在运输及使用过程中应避免受潮,不结团。

(5)纤维稳定剂的掺加比例以沥青混合料总量的质量百分率计算,通常情况下用于SMA路面的木质素纤维不宜低于0.3%,矿物纤维不宜低于0.4%,必要时可适当增加纤维用量。纤维掺加量的允许误差宜不超过±5%。

5 级配碎石底基层

5.1 一般规定

5.1.1 级配碎石应用预先筛分成几组不同粒径的碎石(如37.5~19mm,19~9.5mm,9.5~4.75mm的碎石)及4.75mm以下的石屑组配而成。

5.1.2 级配碎石应采用集中厂拌法拌制混合料,并用摊铺机摊铺混合料。

5.2 级配设计

5.2.1 底基层级配碎石混合料的级配组成应满足表5.2.1中的规定。

表5.2.1 底基层级配碎石混合料的级配组成

项目	通过各筛孔(单位:mm)的质量百分率(%)								
	37.5	31.5	26.5	16	9.5	4.75	1.18	0.6	0.075
要求	100	85~100	65~85	42~67	20~40	10~27	8~20	5~18	0~10
	—	100	80~100	56~87	30~60	18~46	10~33	5~20	0~10

5.2.2 在级配范围内选取粗、中、细三种级配,分别进行试验,选取最大干密度和CBR值大的级配为设计级配。配合比设计程序如下:

(1)按实际使用的集料,分别进行筛分,按颗粒组成进行计算,确定各种集料的组成比例。要求组成混合料的三个级配应符合表5.2.1的规定。

(2)对上述三个级配,分别选取5种不同的含水率来制备混合料,用振动压实法确定级配碎石的最佳含水率、最大干密度,并对确定的最佳含水率混合料进行重型击实验证试验,找出转换系数。工地试验室进行配比验证时,如无振动成型设备,可采用重型击实试验,其最大干密度取值应在重型击实试验基础上乘以转换系数。

(3)确定级配碎石的最佳含水率、最大干密度后,采用最佳含水率成型试件,进行级配碎石的承载比(CBR)试验,室内CBR值应满足设计要求。

5.3 施工

5.3.1 级配碎石混合料要求在中心站用机械进行集中拌和,可以采用强制式拌和机、卧式双转轴桨叶式拌和机、普通水泥混凝土拌和机等。

5.3.2 不同粒级的碎石和石屑等细集料应隔离,分别堆放。

5.3.3 细集料应有覆盖,防止雨淋。

5.3.4 在正式拌制级配碎石混合料之前,必须先调试所用的厂拌设备,使混合料的颗粒组成和含水率都能达到规定的要求。

5.3.5 应用沥青混凝土摊铺机或其他碎石摊铺机摊铺级配碎石混合料。

5.3.6 摊铺机后面应设专人消除粗细集料离析现象。

5.3.7 碾压

(1)摊铺后,当混合料的含水率等于或略大于最佳含水率时,立即用12T以上三轮压路机、振动压路机或轮胎压路机进行碾压。直线和不设超高的平曲线段,由两侧路肩开始向路中心碾压;在设超高的平曲线段,由内侧路肩向外侧路肩进行碾压。碾压时,后轮应重叠1/2轮宽;后轮必须超过两段的接缝处。后轮压完路面全宽时,即为一遍。碾压一直进行到要求的密实度为止。一般需碾压6~8遍,应使表面无明显轮迹。压路机的碾压速度,头两遍以采用1.5~1.7km/h为宜,以后用2.0~2.5km/h。

(2)每层的压实厚度不应超出15~18cm。用重型振动压路机和轮胎压路机碾压时,每层的压实厚度可达20cm。

(3)路面的两侧应多压2~3遍。

(4)级配碎石底基层压实度应大于97%,特重交通下应大于98%。

(5)严禁压路机在已完成的或正在碾压的路段上调头或紧急制动。

5.3.8 横向接缝按下述方法处理:靠近摊铺机当天未压实的混合料,可与第二天摊铺的混合料一起碾压,但应注意此部分混合料的含水率。必要时,应人工补充洒水,使其含水率达到规定的要求。

5.3.9 应避免纵向接缝。如摊铺机的摊铺宽度不够,必须分两幅摊铺时,宜采用两台摊铺机一前一后相隔约5~8m同步向前摊铺混合料。在仅有一台摊铺机的情况下,可先在一条摊铺带上摊铺一定长度后,再开到另一条摊铺带上摊铺,然后一起进行碾压。

5.3.10 在不能避免纵向接缝的情况下,纵缝必须垂直相接,不应斜接,并按下述方法处理:

(1)在前一幅摊铺时,在靠后一幅的一侧应用方木或钢模板做支撑,方木或钢模板的高度与级配碎石层的压实厚度相同。

(2)在摊铺后一幅之前,将方木或钢模板除去。

(3)如在摊铺前一幅时未用方木或钢模板支撑,靠边缘的30cm左右难于压实,而且形成一个斜坡,在摊铺后一幅时,应先将未完全压实部分和不符合路拱要求部分挖松并补充洒水,待后一幅混合料摊铺后一起进行整平和碾压。

6 水泥稳定碎石基层

6.1 一般规定

6.1.1 水泥稳定碎石基层施工期的日最低气温应在5℃以上，并应在第1次重冰冻（-3～-5℃）到来之前半个月到一个月完成。

6.1.2 在雨季施工水泥稳定碎石基层时，应特别注意气候变化，勿使水泥和混合料遭雨淋。降雨时应停止施工，但已经摊铺的水泥混合料应尽快碾压密实。

6.1.3 水泥稳定碎石基层施工时，应遵守下列规定：

（1）采用中心站集中厂拌法拌制混合料。

（2）配料应准确。

（3）洒水、拌和均匀。

（4）采用摊铺机摊铺混合料，应严格控制基层厚度和高程，其路拱横坡应与面层一致。

（5）水泥稳定碎石施工时，从加水拌和到完成碾压之间的延迟时间不应超过2h。

（6）水泥稳定碎石基层施工时，严禁用薄层贴补法进行找平。

（7）必须保湿养生，不使稳定碎石层表面干燥，也不应忽干忽湿。

6.1.4 正式开工之前，应进行试铺。试铺段应选择在经验收合格的底基层上进行。

6.2 混合料组成设计

6.2.1 一般规定

（1）水泥稳定碎石混合料应按设计要求采用合适的水泥剂量，混合料试件强度应满足设计要求。

（2）水泥稳定碎石混合料试件成型宜采用振动成型方法，见附录A。

（3）水泥稳定碎石的组成设计应根据最低强度标准，通过试验确定必需的水泥剂量和混合料的最佳含水率，在需要改善混合料的物理力学性质时，还应确定掺加料的比例。

6.2.2 原材料的试验

1)在水泥稳定碎石层施工前,应取所定料场中有代表性的碎石按《公路土工试验规程》(JTG E40—2007)和《公路工程集料试验规程》(JTG E42—2005)进行下列试验:

(1)颗粒分析。

(2)液限和塑性指数。

(3)相对密度。

(5)击实试验或振动压实试验。

(5)碎石或砾石的压碎值。

(6)有机质含量(必要时做)。

(7)硫酸盐含量(必要时做)。

2)应检验水泥的强度等级和终凝时间。

6.2.3 集料级配范围

水泥稳定碎石的集料组成应在表6.2.3所列级配范围内。

表6.2.3 水泥稳定碎石的颗粒组成范围

筛孔(mm)	31.5	19.0	9.5	4.75	2.36	0.6	0.075
通过质量百分率(%)	100	68~80	44~58	27~40	18~28	8~15	0~3.5

6.2.4 混合料的设计步骤(振动压实法)

(1)按下列五种水泥剂量配制混合料:3%、3.5%、4%、4.5%、5%。在能估计合适剂量的情况下,可以将5个不同剂量缩减到3或4个。

(2)用振动法试件成型法确定各种混合料的最佳含水率和最大干密度,至少应做3个不同水泥剂量混合料的振动试验,即最小剂量、中间剂量和最大剂量。其他两个剂量混合料的最佳含水率和最大干密度用内插法确定。

(3)按规定压实度分别计算不同水泥剂量的试件应有的干密度。

(4)采用振动成型方法,按最佳含水率和计算得的干密度制备试件。进行强度试验时,作为平行试验的最少试件数量应不小于表6.2.4的规定。如试验结果的偏差系数大于表中规定的值,则应重做试验,并找出原因,加以解决。如不能降低偏差系数,则应增加试件数量。

表6.2.4 最少试件数量

偏差系数	<10%	10%~15%	15%~20%
试件数量	6	9	13

(5)试件在规定温度下保湿养生6d,浸水24h后,按《公路工程无机结合料稳定材料试验规程》(JTG E51—2009)进行无侧限抗压强度试验。

(6)计算试验结果的平均值和偏差系数,并选定合适的水泥剂量,此剂量试件室内试验结果的平均抗压强度 $\overline{R}$ 应符合式(6.2.4)的要求:

$$\overline{R} \geqslant 4.5/(1 - Z_{\alpha}C_{v}) \tag{6.2.4}$$

式中:C_v——试验结果的偏差系数(以小数计);

Z_{α}——标准正态分布表中随保证率(或置信度 α)而变的系数,取保证率95%,即 $Z_{\alpha}=1.645$。

(7)取符合强度要求的最佳配合比作为水泥稳定碎石的生产配合比。

(8)工地实际采用的水泥剂量应比室内试验确定的剂量多0.5%。

6.2.5 混合料的设计步骤(重型击实法)

(1)按下列5种水泥剂量配制混合料:3%、3.5%、4%、4.5%、5%。在能估计合适剂量的情况下,可以将5个不同剂量缩减到3或4个。

(2)用重型击实法确定各种混合料的最佳含水率和最大干密度,至少应做3个不同水泥剂量混合料的击实试验,即最小剂量、中间剂量和最大剂量。其他两个剂量混合料的最佳含水率和最大干密度用内插法确定。

(3)按规定压实度分别计算不同水泥剂量的试件应有的干密度。

(4)采用静压成型方法,按最佳含水率和计算得的干密度制备试件。进行强度试验时,作为平行试验的最少试件数量应不小于表6.2.4的规定。如试验结果的偏差系数大于表中规定的值,则应重做试验,并找出原因,加以解决。如不能降低偏差系数,则应增加试件数量。

(5)试件在规定温度下保湿养生6d,浸水24h后,按《公路工程无机结合料稳定材料试验规程》(JTG E51—2009)进行无侧限抗压强度试验。

(6)计算试验结果的平均值和偏差系数,并选定合适的水泥剂量,此剂量试件室内试验结果的平均抗压强度 $\overline{R}$ 应符合式(6.2.5)的要求:

$$\overline{R} \geqslant R_{d}/(1 - Z_{\alpha}C_{v}) \tag{6.2.5}$$

式中:R_d——设计抗压强度(以小数计);

C_v——试验结果的偏差系数(以小数计);

Z_{α}——标准正态分布表中随保证率(或置信度 α)而变的系数,取保证率95%,即 $Z_{\alpha}=1.645$。

(7)取符合强度要求的最佳配合比作为水泥稳定碎石的生产配合比。

(8)工地实际采用的水泥剂量应比室内试验确定的剂量多0.5%。

6.3 混合料的拌制

6.3.1 水泥稳定碎石采用专用稳定碎石集中厂拌机械拌制混合料。集中拌和时,应符合下列要求:

(1)配料应准确,拌和应均匀。

(2)含水率宜略大于最佳值,使混合料运到现场摊铺后碾压时的含水率不小于最佳值。

(3)不同粒级的碎石及细集料应隔离,分别堆放。

6.3.2 当采用连续式的稳定碎石厂拌设备拌和时,应保证集料的最大粒径和级配符合要求。

6.3.3 在正式拌制混合料之前,必须先调试所用的设备,使混合料的颗粒组成和含水率都达到规定的要求。原集料的颗粒组成发生变化时,应重新调试设备。

6.3.4 施工时,应采取措施,保护集料,特别是细集料应有覆盖,防止雨淋。

6.3.5 应根据集料和混合料含水率的大小,及时调整加水量。

6.3.6 拌和机的产量宜大于400t/h,其生产能力与摊铺机的摊铺能力应互相匹配。

6.4 混合料的运输

应尽快将拌成的混合料运送到铺筑现场。车上的混合料应覆盖,减少水分损失。

6.5 混合料的摊铺

6.5.1 应采用沥青混凝土摊铺机或稳定土摊铺机摊铺混合料。

6.5.2 摊铺机宜连续摊铺。如拌和机的生产能力较小,在用摊铺机摊铺混合料时,应采用最低速度摊铺,减少摊铺机停机待料的情况。

6.5.3 在摊铺机后面应设专人消除粗细集料离析现象,特别应该铲除局部粗集料"窝",并用新拌混合料填补。

6.6 混合料的碾压

6.6.1 应在混合料处于或略大于最佳含水率(气候炎热干燥时,水泥稳定碎石混合料可大1%~1.5%)时进行碾压,直到达到按混合料组成设计时所采用的试件成型方法确定的要求压实度:98%。

6.6.2 水泥稳定碎石基层应用12t以上的压路机碾压。压实厚度应与压路设备相匹配,压实厚度宜为18~20cm,最小压实厚度不小于15cm。分两层施工时,在铺筑上层前,应在下层顶面先撒薄层水泥或水泥净浆。如果采用先进的施工工艺,并经试验段试铺证明符合本规范规定的各项指标要求,可将压实厚度提高。

6.6.3 宜先用轻型两轮压路机跟在摊铺机后及时进行碾压,后用重型振动压路机、三轮压路机或轮胎压路机继续碾压密实。

6.7 接缝

6.7.1 横向接缝应符合下列要求:

(1)用摊铺机摊铺混合料时,不宜中断,如因故中断时间超过2h,应设置横向接缝,摊铺机应驶离混合料末端。

(2)人工将末端含水率合适的混合料弄整齐,紧靠混合料放两根方木,方木的高度应与混合料的压实厚度相同;整平紧靠方木的混合料。

(3)方木的另一侧用砂砾或碎石回填约3m长,其高度应高出方木几厘米。

(4)将混合料碾压密实。

(5)在重新开始摊铺混合料之前,将砂砾或碎石和方木除去,并将下承层顶面清扫干净。

(6)摊铺机返回到已压实层的末端,重新开始摊铺混合料。

(7)如摊铺中断后,未按上述方法处理横向接缝,而中断时间已超过2h,则应将摊铺机附近及其下面未经压实的混合料铲除,并将已碾压密实且高程和平整度符合要求的末端挖成与路中心线垂直并垂直向下的断面,然后再摊铺新的混合料。

6.7.2 应避免纵向接缝。基层应分两幅摊铺,宜采用两台摊铺机一前一后相隔约5~10m同步向前摊铺混合料,并一起进行碾压。

在不能避免纵向接缝的情况下,纵缝必须垂直相接,严禁斜接,并符合下列规定:

(1)在前一幅摊铺时,在靠中央的一侧用方木或钢模板做支撑,方木或钢模板的高度应与稳定土层的压实厚度相同。

(2)养生结束后,在摊铺另一幅之前,拆除支撑木(或板)。

6.8 养生及交通管制

(1)水泥稳定碎石基层分两层用摊铺机铺筑时,下层分段摊铺和碾压密实后,在不采用重型振动压路机碾压时,宜立即摊铺上层,否则在下层顶面应撒少量水泥或水泥浆。

(2)每一段碾压完成并经压实度检查合格后,应立即开始养生。

(3)宜采用薄膜覆盖、喷洒乳化沥青或洒水养生。养生结束后,必须将覆盖物清除干净。

(4)乳化沥青的用量按1.0~1.5kg/m^2 选用。

(5)不能连续施工时,基层的养生期不得少于7d。

(6)在养生期间的水泥稳定碎石基层上,除洒水车外,宜封闭交通。不能封闭交通时,应严禁重车通行,其他车辆的车速不应超过30km/h。

(7)养生期结束后,应先清扫基层,并立即喷洒透层油。

7 热拌沥青混合料路面

7.1 一般规定

7.1.1 江西省高速公路沥青路面用热拌沥青混合料(HMA)种类按集料公称最大粒径、矿料级配、空隙率划分,分类见表7.1.1。

表7.1.1 热拌沥青混合料种类

混合料类型	沥青稳定碎石	沥青混凝土	沥青玛蹄脂碎石	公称最大粒径(mm)	最大粒径(mm)	关键筛孔(mm)
粗粒式	ATB-30	—	—	31.5	37.5	4.75
	ATB-25	AC-25	—	26.5	31.5	4.75
中粒式	—	AC-20	—	19.0	26.5	4.75
	—	AC-16	SMA-16	16.0	19.0	2.36
细粒式	—	AC-13	SMA-13	13.2	16.0	2.36
	—	AC-10	SMA-10	9.5	13.2	2.36
设计空隙率(%)	3~6	3~6	3~4	—	—	—

注:空隙率可按配合比设计要求适当调整。

7.1.2 各层沥青混合料应满足所在层位的功能性要求,便于施工,不容易离析。各层应连续施工并联结成为一个整体。当发现混合料结构组合及级配类型的设计不合理时应进行修改、调整,以确保沥青路面的使用性能。

7.1.3 沥青面层集料的最大粒径宜从上至下逐渐增大,并应与压实层厚度相匹配。对热拌热铺密级配沥青混合料,沥青层一层的压实厚度不宜小于集料公称最大粒径的2.5~3倍,对SMA等嵌挤型混合料不宜小于公称最大粒径的2~2.5倍,以减少离析,便于压实。

7.1.4 SMA混合料宜采用SBS改性沥青作为结合料。

7.2 施工准备

7.2.1 原材料堆放

(1)要注意粗细集料和填料的质量,对不合格的矿料,不准运进拌和厂。

(2)堆放各种矿料的地坪必须采用厚度不低于15cm的水泥混凝土硬化,并具有良好的排水系统,避免材料被污染;各品种材料间应用墙体隔开,以免相互混杂。

(3)细集料及矿粉应搭棚防护,细料潮湿将影响喂料数量和拌和机产量。

7.2.2 铺筑沥青层前,应检查基层或下卧沥青层的质量,不符合要求的不得铺筑沥青面层。

7.2.3 石油沥青加工及沥青混合料施工温度应根据沥青标号及黏度、气候条件、铺装层的厚度确定。

(1)普通沥青结合料的施工温度宜通过在135℃及175℃条件下测定的黏度—温度曲线按表7.2.3-1的规定确定。缺乏黏温曲线数据时,可参照表7.2.3-2的范围选择,并根据实际情况确定使用高值或低值。当表中温度不符实际情况时,容许作适当调整。

表7.2.3-1 确定沥青混合料拌和及压实温度的适宜温度

黏度	适宜于拌和的沥青结合料黏度	适宜于压实的沥青结合料黏度	测定方法
表观黏度	(0.17 ±0.02)Pa · s	(0.28 ±0.03)Pa · s	T 0625
运动黏度	(170 ±20)mm^2/s	(280 ±30)mm^2/s	T 0619
赛波特黏度	(85 ±10)s	(140 ±15)s	T 0623

表7.2.3-2 热拌沥青混合料的施工温度(℃)

<table>
<tr><th colspan="2" rowspan="2">施 工 工 序</th><th colspan="2">石油沥青的标号</th></tr>
<tr><th>50号</th><th>70号</th></tr>
<tr><td colspan="2">沥青加热温度</td><td>160 ~ 170</td><td>155 ~ 165</td></tr>
<tr><td rowspan="2">矿料加热温度</td><td>间隙式拌和机</td><td colspan="2">集料加热温度比沥青温度高10 ~ 30</td></tr>
<tr><td>连续式拌和机</td><td colspan="2">矿料加热温度比沥青温度高5 ~ 10</td></tr>
<tr><td colspan="2">沥青混合料出料温度</td><td>150 ~ 170</td><td>145 ~ 165</td></tr>
<tr><td colspan="2">混合料储料仓储存温度</td><td colspan="2">储料过程中温度降低不超过10</td></tr>
<tr><td colspan="2">混合料废弃温度</td><td>>200</td><td>>195</td></tr>
<tr><td colspan="2">运输到现场温度</td><td>≥150</td><td>≥145</td></tr>
<tr><td rowspan="2">混合料摊铺温度</td><td>正常施工</td><td>≥140</td><td>≥135</td></tr>
<tr><td>低温施工</td><td>≥160</td><td>≥150</td></tr>
<tr><td rowspan="2">开始碾压的混合料内部温度</td><td>正常施工</td><td>≥135</td><td>≥130</td></tr>
<tr><td>低温施工</td><td>≥150</td><td>≥145</td></tr>
<tr><td rowspan="3">碾压终了的表面温度</td><td>钢轮压路机</td><td>≥90</td><td>≥80</td></tr>
<tr><td>轮胎压路机</td><td>≥95</td><td>≥90</td></tr>
<tr><td>振动压路机</td><td>≥85</td><td>≥80</td></tr>
<tr><td colspan="2">开放交通的路表温度</td><td>≤50</td><td>≤50</td></tr>
</table>

注:沥青混合料的施工温度采用具有金属探测针的插入式数显温度计测量。表面温度可采用表面接触式温度计测定。当采用红外线温度计测量表面温度时,应进行标定。

(2)聚合物改性沥青混合料的施工温度根据实践经验并参照表7.2.3-3选择。通常宜较普通沥青混合料的施工温度提高10~20℃。

表7.2.3-3 SBS改性沥青混合料的正常施工温度范围(℃)

工　序	温度要求
沥青加热温度	160~165
改性沥青现场制作温度	165~170
成品改性沥青加热温度	≤175
集料加热温度	190~220
改性沥青SMA混合料出厂温度	170~185
混合料最高温度(废弃温度)	195
混合料储存温度	拌和出料后降低不超过10
摊铺温度	≥160
初压开始温度	≥150
碾压终了的表面温度	≥105
开放交通时的路表温度	≤50

注:当采用表列以外的聚合物或天然沥青改性沥青时,施工温度由试验确定。

(3)SMA混合料的施工温度应视纤维品种和数量、矿粉用量的不同,在改性沥青混合料的基础上作适当提高。

7.3 配合比设计

7.3.1 沥青混合料必须在对同类公路配合比设计和使用情况调查研究的基础上,充分借鉴成功的经验,选用符合要求的材料,进行配合比设计。

7.3.2 沥青混合料配合比设计可采用马歇尔设计方法、Superpave设计方法或GTM设计方法。若采用马歇尔设计法或GTM设计方法设计沥青混合料,通常情况下工程设计级配范围不宜超出表7.3.2-1的要求,沥青稳定碎石混合料级配范围不宜超出表7.3.2-2的要求。若采用Superpave设计方法设计沥青混合料,混合料的级配范围不宜超出表7.3.2-3的要求。

表7.3.2-1 采用马歇尔设计法和GTM设计法时沥青混合料矿料级配范围

级配类型		通过下列筛孔(mm)的质量百分率(%)												
		31.5	26.5	19	16	13.2	9.5	4.75	2.36	1.18	0.6	0.3	0.15	0.075
粗粒式	AC-25	100	95~100	80~90	70~80	60~70	45~55	30~40	22~30	14~20	10~14	7~10	5~8	4~6
中粒式	AC-20	—	100	95~100	80~90	65~78	52~68	34~50	24~36	17~26	12~19	7~14	5~10	4~6
	AC-16	—	—	100	90~100	80~90	66~78	42~54	28~38	18~26	13~19	9~14	6~10	4~8

续上表

级配类型		通过下列筛孔(mm)的质量百分率(%)												
		31.5	26.5	19	16	13.2	9.5	4.75	2.36	1.18	0.6	0.3	0.15	0.075
细粒式	AC-13	—	—	—	100	95~100	75~85	50~60	33~42	22~30	15~22	9~15	6~11	4~8
	AC-13(抗滑)	—	—	—	100	95~100	70~80	43~52	28~35	17~23	12~17	8~13	6~10	5~7
	AC-10	—	—	—	—	100	90~100	45~75	30~58	20~44	13~32	9~23	6~16	4~8
SMA-16		—	—	100	90~100	65~85	45~65	20~30	15~24	13~22	12~18	10~15	7~14	7~12
SMA-13		—	—	—	100	90~100	50~75	20~32	15~26	14~24	12~20	10~16	8~15	8~12
SMA-10		—	—	—	—	100	90~100	28~60	20~32	14~26	12~22	10~18	9~16	8~13

表7.3.2-2 大马歇尔设计法密级配沥青稳定碎石混合料矿料级配范围

级配类型		通过下列筛孔(mm)的质量百分率(%)													
		37.5	31.5	26.5	19	16	13.2	9.5	4.75	2.36	1.18	0.6	0.3	0.15	0.075
特粗式	ATB-30	100	90~100	70~90	53~72	44~66	39~60	31~51	20~40	15~32	10~25	8~18	5~14	3~10	2~6
粗粒式	ATB-25	—	100	90~100	60~80	48~68	42~62	32~52	20~40	15~32	10~25	8~18	5~14	3~10	2~6

表7.3.2-3 Superpave沥青混合料矿料级配控制点和限制区界限(通过率,%)

筛孔尺寸(mm)	Superpave-25				Superpave-20			
	控制点		限制区		控制点		限制区	
	最小	最大	最小	最大	最小	最大	最小	最大
37.5	—	100	—	—	—	—	—	—
26.5	90	100	—	—	—	100	—	—
19.0	—	90	—	—	90	100	—	—
13.2	—	—	—	—	—	90	—	—
4.75	—	—	39.5	39.5	—	—	—	—
2.36	19	45	26.8	30.8	23	49	34.6	34.6
1.18	—	—	18.1	24.1	—	—	22.3	28.3
0.6	—	—	13.6	17.6	—	—	16.7	20.7
0.3	—	—	11.4	11.4	—	—	13.7	13.7
0.075	1	7	—	—	2	8	—	—

7.3.3 采用马歇尔试验设计的沥青混合料技术要求应符合表7.3.3-1~表7.3.3-3的规定,并有良好的施工性能;采用Superpave法设计的沥青混合料技术要求应符合表7.3.3-4,并按表7.3.3-5的要求进行马歇尔试验检验;采用GTM法设计的沥青混合料技术要求应符合表7.3.3-6,并进行马歇尔试验及各项配合比设计检验,报告不同设计方法各自的试验结果。长大坡度的路段按重载交通路段考虑。

表 7.3.3-1　密级配沥青混凝土混合料马歇尔试验技术标准

试验指标		单位	中交通		重、特重交通		
击实次数(双面)		次	75				
试件尺寸		mm	ϕ101.6×63.5				
空隙率 VV	深约 90mm 以内	%	3~5		4~6		
	深约 90mm 以下	%	3~6				
稳定度 MS		kN	≥8				
流值 FL		mm	2~4		1.5~4		
矿料间隙率 VMA	设计空隙率(%)	相应于以下公称最大粒径(mm)的最小 VMA 及 VFA 技术要求(%)					
		26.5	19	16	13.2	9.5	
	3	≥11	≥12	≥12.5	≥13	≥14	
	4	≥12	≥13	≥13.5	≥14	≥15	
	5	≥13	≥14	≥14.5	≥15	≥16	
	6	≥14	≥15	≥15.5	≥16	≥17	
沥青饱和度 VFA(%)		55~70	65~75			70~85	

注:1. 对空隙率大于 5% 的重载交通路段,施工时应至少提高压实度 1%。
2. 当设计的空隙率不是整数时,由内插法确定要求的 VMA 最小值。
3. 对改性沥青混合料,马歇尔试验的流值可适当放宽。

表 7.3.3-2　改性沥青 SMA 混合料马歇尔试验配合比设计技术要求

试验项目	单位	技术要求	试验方法
马歇尔试件尺寸	mm	ϕ101.6×63.5	T 0702
马歇尔试件击实次数	—	两面击实 75 次	T 0702
空隙率 VV	%	3~4	T 0708
矿料间隙率 VMA	%	≥17.0	T 0708
粗集料骨架间隙率 VCA_{mix}	—	≤VCA_{DRC}	T 0708
沥青饱和度 VFA	%	75~85	T 0708
稳定度	kN	≥6.0	T 0709
谢伦堡沥青析漏试验的结合料损失	%	≤0.1	T 0732
肯塔堡飞散试验的混合料损失或浸水飞散试验	%	≤15	T 0733

注:1. 对高温稳定性要求较高的重交通路段或炎热地区,设计空隙率允许放宽到 4.5%,VMA 允许放宽到 16.5%(SMA-16、SMA-13),VFA 允许放宽到 70%。
2. 试验粗集料骨架间隙率 VCA 的关键性筛孔,对 SMA-16 是指 4.75mm,对 SMA-13、SMA-10 是指 2.36mm。

表 7.3.3-3　密级配沥青稳定碎石混合料大马歇尔试验设计技术要求

试验指标	单位	技术要求	技术要求	试验方法
马歇尔试件尺寸	mm	ϕ152.4×95.3		T 0702
马歇尔试件击实次数	次	双面各 112		T 0702
空隙率 VV	%	3~6		T 0705

续上表

试验指标	单位	技术要求	技术要求	试验方法
沥青饱和度 VFA	%	55~70		T 0705
稳定度	kN	≥15		T 0709
矿料间隙率 VMA(%)	设计空隙率(%)	ATB-25	ATB-30	—
	4	12	11.5	T 0705
	5	13	12.5	
	6	14	13.5	

表 7.3.3-4 Superpave 混合料设计技术要求

沥青混合料类型	压实度(%)			VMA(%)	VFA(%)	粉胶比(%)	AASHTO T 283(%)
	$N_{初始}$	$N_{设计}$	$N_{最大}$				
Superpave-25	≤89	96	≤98	≥12	65~75	0.6~1.2	—
Superpave-25				≥13			≥80

注:1. 当级配在禁区下方通过时,粉胶比可取 0.8~1.6。
2. 初始压实次数 $N_{初始}$ 取 8,设计压实次数 $N_{设计}$ 取 100,最大压实次数 $N_{最大}$ 取 160。

表 7.3.3-5 Superpave 混合料马歇尔检验技术要求

沥青混合料类型	空隙率(%)	稳定度(kN)	流值(0.1mm)	VMA(%)	VFA(%)	残留稳定度(%)
Superpave-25	4.0~6.0	≥8	20~40	≥12	60~70	≥85
Superpave-25			20~40	≥13		

注:1. 应对改性沥青 Superpave-20 进行车辙试验和冻融劈裂试验,动稳定度应不小于 3 000 次/mm,冻融劈裂强度比应不小于 80%。
2. 宜采用低温弯曲试验检验改性沥青 Superpave-20 混合料的低温性能,其最大破坏应变宜不小于 2 000με。

表 7.3.3-6 沥青混合料 GTM 法配合比设计技术要求

试验项目	技术要求
旋转稳定系数 GSI	≤1.05
旋转剪切系数 GSF	≥1.3

7.3.4 对公称最大粒径等于或小于 19mm 的密级配沥青混合料及 SMA 混合料,需在配合比设计的基础上按下列步骤进行各种使用性能检验,不符要求的沥青混合料,必须更换材料或重新进行配合比设计。

(1)必须在规定的试验条件下进行车辙试验,并符合表 7.3.4-1 的要求。对处于夏特炎热区的高速公路,宜将上面层车辙试验温度提高到 65℃。

表 7.3.4-1 沥青混合料车辙试验动稳定度技术要求

混合料种类	动稳定度(次/mm)	试验方法
普通沥青混合料	≥1 000	T 0719
改性沥青混合料	≥2 800	
改性沥青 SMA 混合料	≥3 000	

(2)必须在规定的试验条件下进行浸水马歇尔试验和冻融劈裂试验检验沥青混合料的水稳定性，并同时符合表7.3.4-2中的两个要求。

表7.3.4-2 沥青混合料水稳定性检验技术要求

混合料种类	技术要求(%)	试验方法
浸水马歇尔试验残留稳定度(%)		
普通沥青混合料	≥80	T 0709
改性沥青混合料	≥85	
改性沥青SMA混合料	≥80	
冻融劈裂试验的残留强度比(%)		
普通沥青混合料	≥75	T 0729
改性沥青混合料	≥80	
改性沥青SMA混合料	≥80	

(3)宜对密级配沥青混合料在温度-10℃、加载速率50mm/min的条件下进行弯曲试验，测定破坏强度、破坏应变、破坏劲度模量，并根据应力应变曲线的形状，综合评价沥青混合料的低温抗裂性能，其中沥青混合料的破坏应变宜不小于表7.3.4-3。

表7.3.4-3 沥青混合料低温弯曲试验破坏应变(με)技术要求

混合料种类	破坏应变(με)	试验方法
普通沥青混合料	≥2 000	T 0715
改性沥青混合料	≥2 500	

(4)宜利用轮碾机成型的车辙试验试件，脱模架起进行渗水试验，并符合表7.3.4-4的要求。

表7.3.4-4 沥青混合料试件渗水系数(mL/min)技术要求

级配类型	渗水系数要求(mL/min)	试验方法
密级配沥青混凝土	≤100	T 0730
SMA混合料	≤60	

(5)对改性沥青混合料的性能检验，应针对改性目的进行。以提高高温抗车辙性能为主要目的时，低温性能可按普通沥青混合料的要求执行；以提高低温抗裂性能为主要目的时，高温稳定性可按普通沥青混合料的要求执行。

7.3.5 沥青混合料的配合比设计应在调查以往类同材料的配合比设计经验和使用效果的基础上，按以下步骤进行。

(1)目标配合比设计阶段。用工程实际使用的材料，优选矿料级配、确定最佳沥青用量，符合配合比设计技术标准和配合比设计检验要求，以此作为目标配合比，供拌和机确定各冷料仓的供料比例、进料速度及试拌使用。

(2)生产配合比设计阶段。应按规定方法取样测试各热料仓的材料级配,确定各热料仓的配合比,供拌和机控制室使用。同时选择适宜的筛孔尺寸和安装角度,尽量使各热料仓的供料大体平衡。并取目标配合比设计的最佳沥青用量 OAC、OAC ±0.3% 等 3 个沥青用量进行马歇尔试验和试拌,通过室内试验及从拌和机取样试验综合确定生产配合比的最佳沥青用量,由此确定的最佳沥青用量与目标配合比设计的结果的差值不宜大于 ±0.2%。

(3)生产配合比验证阶段。拌和机按生产配合比结果进行试拌、铺筑试验段,并取样进行马歇尔试验,同时从路上钻取芯样观察空隙率的大小,由此确定生产用的标准配合比。标准配合比的矿料合成级配中,至少应包括 0.075mm、2.36mm、4.75mm 及公称最大粒径筛孔的通过率接近优选的工程设计级配范围的中值,并避免在 0.3 ~0.6mm 处出现"驼峰"。对确定的标准配合比,宜再次进行车辙试验和水稳定性检验。

(4)确定施工级配允许波动范围。根据标准配合比及质量管理要求中各筛孔的允许波动范围,制订施工用的级配控制范围,用以检查沥青混合料的生产质量。

7.3.6 经设计确定的标准配合比在施工过程中不得随意变更。但生产过程中应加强跟踪检测,严格控制进场材料的质量,如遇材料发生变化并经检测沥青混合料的矿料级配、马歇尔技术指标不符要求时,应及时调整配合比,使沥青混合料的质量符合要求并保持相对稳定,必要时重新进行配合比设计。

7.4 混合料的拌制

7.4.1 沥青混合料必须在沥青拌和厂(场、站)采用拌和机械拌制。

(1)拌和厂的设置必须符合国家有关环境保护、消防、安全等规定。

(2)拌和厂与工地现场距离应充分考虑交通堵塞的可能,确保混合料的温度下降不超过要求,且不致因颠簸造成混合料离析。

(3)拌和厂应具有完备的排水设施。各种集料必须分隔储存,细集料应设防雨顶棚,料场及场内道路应做硬化处理,严禁泥土污染集料。

7.4.2 沥青混合料应采用间歇式拌和机拌制。

7.4.3 沥青混合料拌和设备的各种传感器必须定期检定,周期不少于每年一次。冷料供料装置需经标定得出集料供料曲线。

7.4.4 间歇式拌和机应符合下列要求:

(1)总拌和能力满足施工进度要求。拌和机除尘设备完好,能达到环保要求。

(2)冷料仓的数量满足配合比需要,通常不宜少于 6 个。具有添加纤维、消石灰等外掺剂的设备。

7.4.5　集料与沥青混合料取样应符合现行试验规程的要求。从沥青混合料运料车上取样时必须设置取样台，分几处采集一定深度下的样品。

7.4.6　集料进场宜在料堆顶部平台卸料，经推土机推平后，铲运机从底部按顺序竖直装料，减小集料离析。

7.4.7　间歇式拌和机必须配备计算机设备，拌和过程中逐盘采集并打印各个传感器测定的材料用量和沥青混合料拌和量、拌和温度等各种参数，每个台班结束时打印出一个台班的统计量，按附录 G 的方法进行沥青混合料生产质量及铺筑厚度的总量检验，总量检验的数据有异常波动时，应立即停止生产，分析原因。

7.4.8　沥青混合料的生产温度应符合本规范 7.2.3 条的要求。烘干集料的残余含水率不得大于1%。每天开始的几盘集料应提高加热温度，并干拌几锅集料废弃，再正式加沥青拌和混合料。

7.4.9　拌和机的矿粉仓应配备振动装置以防止矿粉起拱。添加消石灰、水泥等外掺剂时，宜增加粉料仓，也可由专用管线和螺旋升送器直接加入拌和锅，若与矿粉混合使用时应防止二者因密度不同发生离析。

7.4.10　拌和机必须有二级除尘装置，经一级除尘部分可直接回收使用，二级除尘部分不可以回收使用。对因除尘造成的粉料损失应补充等量的新矿粉。

7.4.11　沥青混合料拌和时间根据具体情况经试拌确定，以沥青均匀裹覆集料为度。间歇式拌和机每盘的生产周期不宜少于 45s（其中干拌时间不少于 5 ~ 10s）。改性沥青和 SMA 混合料的拌和时间应适当延长。

7.4.12　间歇式拌和机的振动筛规格应与矿料规格相匹配，最大筛孔宜略大于混合料的最大粒径，其余筛的设置应考虑混合料的级配稳定，并尽量使热料仓大体均衡，不同级配混合料必须配置不同的筛孔组合。

7.4.13　间隙式拌和机宜备有保温性能好的成品储料仓，储存过程中混合料温降不得大于 10℃、且不能有沥青滴漏，普通沥青混合料的储存时间不得超过 72h，改性沥青混合料的储存时间不宜超过 24h，SMA 混合料只限当天使用。

7.4.14　生产添加纤维沥青混合料时，纤维必须在混合料中充分分散，拌和均匀。拌和机应配备同步添加投料装置，松散的絮状纤维可在喷入沥青的同时或稍后采用风送设备喷入拌和锅，拌和时间宜延长 5s 以上。颗粒纤维可在粗集料投入的同时自动加入，经

5~10s 的干拌后,再投入矿粉。工程量很小时也可分装成塑料小包或由人工量取直接投入拌和锅。

7.4.15 使用改性沥青时应随时检查沥青泵、管道、计量器是否受堵,堵塞时应及时清洗。

7.4.16 沥青混合料出厂时应逐车检测沥青混合料的重量和温度,记录出厂时间,签发运料单。

7.5 混合料的运输

7.5.1 热拌沥青混合料宜采用较大吨位的运料车运输,但不得超载运输,或紧急制动、急弯掉头,容易使透层、封层造成损伤。运料车的运力应稍有富余,施工过程中摊铺机前方应有运料车等候。等候的运料车多于 5 辆后开始摊铺。

7.5.2 运料车每次使用前后必须清扫干净,在车厢板上涂一薄层防止沥青黏结的隔离剂或防黏剂,但不得有余液积聚在车厢底部。从拌和机向运料车上装料时,应多次挪动汽车位置,平衡装料,以减少混合料离析。运料车运输混合料宜用苫布覆盖保温、防雨、防污染。

7.5.3 运料车进入摊铺现场时,轮胎上不得粘有泥土等可能污染路面的脏物,否则宜设水池洗净轮胎后再进入工程现场。沥青混合料在摊铺地点凭运料单接收,若混合料不符合施工温度要求,或已经结成团块、已遭雨淋的不得铺筑。

7.5.4 摊铺过程中运料车应在摊铺机前 100~300mm 处停住,空挡等候,由摊铺机推动前进开始缓缓卸料,避免撞击摊铺机。在有条件时,运料车可将混合料卸入转运车经二次拌和后向摊铺机连续均匀的供料。运料车每次卸料必须倒净,尤其是对改性沥青或 SMA 混合料,如有剩余,应及时清除,防止硬结。

7.5.5 SMA 混合料在运输、等候过程中,如发现有沥青结合料沿车厢板滴漏时,应采取措施,避免运输过程中的泄漏。

7.6 混合料的摊铺

7.6.1 热拌沥青混合料应采用沥青摊铺机摊铺,在喷洒有黏层油的路面上铺筑改性沥青混合料或 SMA 时,宜使用履带式摊铺机。摊铺机的受料斗应涂刷薄层隔离剂或防黏结剂。

7.6.2　一台摊铺机的铺筑宽度不宜超过6(双车道)~7.5m(3车道以上),通常宜采用两台或更多台数的摊铺机前后错开10~20m呈梯队方式同步摊铺,两幅之间应有30~60mm左右宽度的搭接,并躲开车道轮迹带,上、下层的搭接位置宜错开200mm以上。

7.6.3　摊铺机开工前应提前0.5~1h预热,熨平板不低于100℃。铺筑过程中应选择熨平板的振捣或具有适宜的振动频率和振幅的夯锤压实装置,以提高路面的初始压实度。熨平板加宽连接应仔细调节至摊铺的混合料没有明显的离析痕迹。

7.6.4　摊铺机必须缓慢、均匀、连续不间断地摊铺,不得随意变换速度或中途停顿,以提高平整度,减少混合料的离析。摊铺速度宜控制在2~6m/min的范围内。对改性沥青混合料及SMA混合料宜放慢至1~3m/min。当发现混合料出现明显的离析、波浪、裂缝、拖痕时,应分析原因,予以消除。

7.6.5　摊铺机应采用自动找平方式,下面层宜采用钢丝绳引导的高程控制方式,上面层宜采用平衡梁或雪橇式摊铺厚度控制方式,中面层根据情况选用找平方式。直接接触式平衡梁的轮子不得黏附沥青。铺筑改性沥青或SMA路面时宜采用非接触式平衡梁。

7.6.6　沥青路面施工时寒冷季节遇大风降温,不能保证迅速压实时不得铺筑沥青混合料。热拌沥青混合料的最低摊铺温度根据铺筑层厚度、气温、风速及下卧层表面温度按本规范7.2.3条执行,且不得低于表7.6.6的要求。每天施工开始阶段宜采用较高温度的混合料。

表7.6.6　沥青混合料的最低摊铺温度

下卧层的表面温度(℃)	相应于下列不同摊铺层厚度的最低摊铺温度(℃)					
	普通沥青混合料			改性沥青混合料或SMA沥青混合料		
	<50mm	50~80mm	>80mm	<50mm	50~80mm	>80mm
<5	不允许	不允许	140	不允许	不允许	不允许
5~10	不允许	140	135	不允许	不允许	不允许
10~15	145	138	132	165	155	150
15~20	140	135	130	158	150	145
20~25	138	132	128	153	147	143
25~30	132	130	126	147	145	141
>30	130	125	124	145	140	139

7.6.7　沥青混合料的松铺系数应根据混合料类型由试铺试压确定。摊铺过程中应随时检查摊铺层厚度及路拱、横坡,并按附录G的方法由使用的混合料总量与面积校验平均厚度。

7.6.8 摊铺机的螺旋布料器应相应于摊铺速度调整到保持一个稳定的速度均衡地转动,两侧应保持有不少于送料器2/3高度的混合料,以减少在摊铺过程中混合料的离析。

7.6.9 用机械摊铺的混合料,不宜用人工反复修整。当不得不由人工作局部找补或更换混合料时,需仔细进行,特别严重的缺陷应整层铲除。

7.6.10 在路面狭窄部分、平曲线半径过小的匝道或加宽部分,以及小规模工程不能采用摊铺机铺筑时可用人工摊铺混合料。人工摊铺沥青混合料应符合下列要求:

(1)半幅施工时,路中一侧宜事先设置挡板。

(2)沥青混合料宜卸在铁板上,摊铺时应扣锹布料,不得扬锹远甩。铁锹等工具宜沾防黏结剂或加热使用。

(3)边摊铺边用刮板整平,刮平时应轻重一致,控制次数,严防集料离析。

(4)摊铺不得中途停顿,并加快碾压。如因故不能及时碾压时,应立即停止摊铺,并对已卸下的沥青混合料覆盖苫布保温。

(5)低温施工时,每次卸下的混合料应覆盖苫布保温。

7.6.11 在雨季铺筑沥青路面时,应加强气象联系,已摊铺的沥青层因遇雨未进行压实的应予铲除。

7.7 沥青路面的压实及成型

7.7.1 压实成型的沥青路面应符合压实度及平整度的要求。

7.7.2 沥青混凝土的压实层最大厚度不宜大于100mm,沥青稳定级配碎石混合料的压实层厚度不宜大于120mm,但当采用大功率压路机且经试验证明能达到压实度时允许增大到150mm。

7.7.3 沥青路面施工应配备足够数量的压路机,选择合理的压路机组合方式及初压、复压、终压(包括成型)的碾压步骤,以达到最佳碾压效果。铺筑双车道沥青路面的压路机数量不宜少于5台。施工气温低、风大、碾压层薄时,压路机数量应适当增加。且压路机数量应与拌和站混合料生产能力相匹配。

7.7.4 压路机应以慢而均匀的速度碾压,压路机的碾压速度应符合表7.7.4的规定。压路机的碾压路线及碾压方向不应突然改变而导致混合料推移。碾压区的长度应大体稳定,两端的折返位置应随摊铺机前进而推进,横向不得在相同的断面上。

表 7.7.4　压路机碾压速度(km/h)

压路机类型	初　压		复　压		终　压	
	适宜	最大	适宜	最大	适宜	最大
钢筒式压路机	2～3	4	3～5	6	3～6	6
轮胎压路机	2～3	4	3～5	6	4～6	8
振动压路机	2～3 (静压或振动)	3 (静压或振动)	3～4.5 (振动)	5 (振动)	3～6 (静压)	6 (静压)

7.7.5　压路机的碾压温度应符合本规范 5.2.2 条的要求,并根据混合料种类、压路机、气温、层厚等情况经试压确定。在不产生严重推移和裂缝的前提下,初压、复压、终压都应在尽可能高的温度下进行。同时不得在低温状况下作反复碾压,使石料棱角磨损、压碎,破坏集料嵌挤。

7.7.6　沥青混合料的初压应符合下列要求:

(1)初压应在紧跟摊铺机后碾压,并保持较短的初压区长度,以尽快使表面压实,减少热量散失。对摊铺后初始压实度较大,经实践证明采用振动压路机或轮胎压路机直接碾压无严重推移而有良好效果时,可免去初压直接进入复压工序。

(2)通常宜采用钢轮压路机静压 1～2 遍。碾压时应将压路机的驱动轮面向摊铺机,从外侧向中心碾压,在超高路段则由低向高碾压,在坡道上应将驱动轮从低处向高处碾压。

(3)初压后应检查平整度、路拱,有严重缺陷时进行修整乃至返工。

7.7.7　复压应紧跟在初压后进行,并应符合下列要求:

(1)复压应紧跟在初压后开始,且不得随意停顿。压路机碾压段的总长度应尽量缩短,通常不超过 60～80m。采用不同型号的压路机组合碾压时宜安排每一台压路机做全幅碾压。防止不同部位的压实度不均匀。

(2)密级配沥青混凝土的复压宜优先采用重型的轮胎压路机进行搓揉碾压,以增加密水性,其总质量不宜小于 25t,吨位不足时宜附加重物,使每一个轮胎的压力不小于 15kN,冷态时的轮胎充气压力不小于 0.55MPa,轮胎发热后不小于 0.6MPa,且各个轮胎的气压大体相同,相邻碾压带应重叠 1/3～1/2 的碾压轮宽度,碾压至要求的压实度为止。

(3)对粗集料为主的较大粒径的混合料,宜优先采用振动压路机复压。振动压路机的振动频率宜为 35～50Hz,振幅宜为 0.3～0.8mm。层厚较大时选用高频率大振幅,以产生较大的激振力,厚度较薄时采用高频率低振幅,以防止集料破碎。相邻碾压带重叠宽度为 100～200mm。振动压路机折返时应先停止振动。

(4)当采用三轮钢筒式压路机时,总质量不宜小于 12t,相邻碾压带宜重叠后轮的1/2宽度,并不应少于 200mm。

(5)对路面边缘、加宽及港湾式停车带等大型压路机难于碾压的部位,宜采用小型振动压路机或振动夯板作补充碾压。

7.7.8 终压应紧接在复压后进行,如经复压后已无明显轮迹时可免去终压。终压可选用双轮钢筒式压路机或关闭振动的振动压路机碾压不宜少于2遍,至无明显轮迹为止。

7.7.9 SMA路面的压实应符合以下要求:

(1)除沥青用量较低,经试验证明采用轮胎压路机碾压有良好效果外,不宜采用轮胎压路机碾压,以防将沥青结合料搓揉挤压上浮。

(2)SMA路面宜采用振动压路机或钢筒式压路机碾压。振动压路机应遵循"紧跟、慢压、高频、低幅"的原则,即紧跟在摊铺机后面,采取高频率、低振幅的方式慢速碾压。如发现SMA混合料高温碾压有推拥现象,应复查其级配是否合适。

7.7.10 碾压轮在碾压过程中应保持清洁,有混合料粘轮应立即清除。对钢轮可涂刷隔离剂或防黏结剂,但严禁刷柴油。当采用向碾压轮喷水(可添加少量表面活性剂)的方式时,必须严格控制喷水量且成雾状,不得漫流,以防混合料降温过快。轮胎压路机开始碾压阶段,可适当烘烤、涂刷少量隔离剂或防黏结剂,也可少量喷水,并先到高温区碾压使轮胎尽快升温,之后停止洒水。

7.7.11 压路机不得在未碾压成型路段上转向、调头、加水或停留。在当天成型的路面上,不得停放各种机械设备或车辆,不得散落矿料、油料等杂物。

7.8 接缝

7.8.1 沥青路面的施工必须接缝紧密、连接平顺,不得产生明显的接缝离析。上下层的纵缝应错开150mm(热接缝)或300~400mm(冷接缝)以上。相邻两幅及上下层的横向接缝均应错位1m以上。接缝施工应用3m直尺检查,确保平整度符合要求。

7.8.2 纵向接缝部位的施工应符合下列要求:

(1)摊铺时采用梯队作业的纵缝应采用热接缝,将已铺部分留下100~200mm宽暂不碾压,作为后续部分的基准面,然后作跨缝碾压以消除缝迹。

(2)当半幅施工或因特殊原因而产生纵向冷接缝时,宜加设挡板或加设切刀切齐,也可在混合料尚未完全冷却前用镐刨除边缘留下毛茬的方式,但不宜在冷却后采用切割机作纵向切缝。加铺另半幅前应涂洒少量沥青,重叠在已铺层上50~100mm,再铲走铺在前半幅上面的混合料,碾压时由边向中碾压留下100~150mm,再跨缝挤紧压实。或者先在已压实路面上行走碾压新铺层150mm左右,然后压实新铺部分。

7.8.3 沥青路面横向接缝应采用垂直的平接缝。平接缝宜趁尚未冷透时用凿岩机或人工垂直刨除端部层厚不足的部分,使工作缝成直角连接。当采用切割机制作平接缝时,宜在铺设当天混合料冷却但尚未结硬时进行。刨除或切割不得损伤下层路面。切割时留下的泥水必须冲洗干净,待干燥后涂刷黏层油。铺筑新混合料接头应使接茬软化,压路机先进行横向碾压,再纵向碾压成为一体,充分压实,连接平顺。

7.9 开放交通及其他

7.9.1 热拌沥青混合料路面应待摊铺层完全自然冷却,混合料表面温度低于50℃后,方可开放交通。需要提早开放交通时,可洒水冷却降低混合料温度。

7.9.2 沥青路面雨季施工应符合下列要求:

(1)注意气象预报,加强工地现场、沥青拌和厂及气象台站之间的联系,控制施工长度,各项工序紧密衔接。

(2)运料车和工地应备有防雨设施,并做好基层及路肩排水。

7.9.3 铺筑好的沥青层应严格控制交通,做好保护,保持整洁,不得造成污染,严禁在沥青层上堆放施工产生的土或杂物,严禁在已铺沥青层上制作水泥砂浆。

8 透层、黏层、下封层

8.1 透层

8.1.1 喷洒透层油之前,对水泥稳定碎石基层表面采用机械钢丝刷进行全面清扫,再用森林灭火鼓风机将浮灰吹净,并用高压水枪彻底清洗干净,使表面集料颗粒部分外露,空隙中没有泥浆杂物。

8.1.2 沥青层和非沥青层之间都必须喷洒透层油,沥青层必须在透层油完全渗透入非沥青层后方可铺筑。非沥青层上设置下封层时,透层油不宜省略。气温低于10℃或大风、即将降雨时不得喷洒透层油。

8.1.3 选择渗透性好的液体沥青、乳化沥青作透层油,喷洒后通过钻孔或挖掘确认透层油渗透入水泥稳定碎石基层的深度宜不小于5mm,并能与水泥稳定碎石基层联结成为一体。透层油的质量应符合本规范的要求。

8.1.4 透层油的黏度通过调节稀释剂的用量或乳化沥青的浓度得到适宜的黏度,基质沥青的针入度通常宜不小于100。透层用乳化沥青的蒸发残留物含量允许根据渗透情况适当调整,当使用成品乳化沥青时可通过稀释得到要求的黏度。透层用液体沥青的黏度通过调节煤油或轻柴油等稀释剂的品种和掺量经试验确定。

8.1.5 透层油的用量通过试洒确定,不宜超出表8.1.5要求的范围。

表8.1.5 沥青路面透层材料的规格和用量表

用途	液体沥青		乳化沥青	
	规格	用量(L/m²)	规格	用量(L/m²)
水泥稳定碎石基层	AL(M)-1或2 AL(S)-1或2	0.6~1.5	PC-2 PA-2	1.0~1.5

注:表中用量是指包括稀释剂和水分等在内的液体沥青、乳化沥青的总量。乳化沥青中的残留物含量以50%为基准。

8.1.6 用于水泥稳定碎石的透层油宜紧接在基层碾压成型后表面稍变干燥、但尚未硬化的情况下喷洒。

8.1.7　透层油宜采用沥青洒布车一次喷洒均匀，使用的喷嘴宜根据透层油的种类和黏度选择并保证均匀喷洒，沥青洒布车喷洒不均匀时宜改用手工沥青洒布机喷洒。

8.1.8　喷洒透层油前应清扫路面，遮挡防护路缘石及人工构造物避免污染，透层油必须洒布均匀，有花白遗漏应人工补洒，喷洒过量的立即撒布石屑或砂吸油，必要时作适当碾压。透层油洒布后不得在表面形成能被运料车和摊铺机黏起的油皮，透层油达不到渗透深度要求时，应更换透层油稠度或品种。

8.1.9　透层油洒布后的养生时间随透层油的品种和气候条件由试验确定，确保液体沥青中的稀释剂全部挥发，乳化沥青渗透且水分蒸发，然后尽早铺筑沥青面层，防止工程车辆损坏透层。

8.2　黏层

8.2.1　符合下列情况之一时，必须喷洒黏层油。

(1)双层式或三层式热拌热铺沥青混合料路面的沥青层之间。

(2)水泥混凝土路面、沥青稳定碎石基层或旧沥青路面层上加铺沥青层。

(3)路缘石、雨水口、检查井等构造物与新铺沥青混合料接触的侧面。

8.2.2　黏层油宜采用快裂或中裂乳化沥青、改性乳化沥青，也可采用快、中凝液体石油沥青，其规格和质量应符合本规范的要求，所使用的基质沥青标号宜与主层沥青混合料相同。

8.2.3　黏层油品种和用量，应根据下卧层的类型通过试洒确定，并符合表8.2.3的要求。在沥青层之间兼作封层而喷洒的黏层油宜采用改性沥青或改性乳化沥青，其用量宜不少于1.0L/m^2。

表8.2.3　沥青路面黏层材料的规格和用量表

下卧层类型	液体沥青		乳化沥青	
	规格	用量(L/m^2)	规格	用量(L/m^2)
新建沥青层或旧沥青路面	AL(R)-3～AL(R)-6 AL(M)-3～AL(M)-6	0.3～0.5	PC-3 PA-3	0.3～0.6
水泥混凝土	AL(M)-3～AL(M)-6 AL(S)-3～AL(S)-6	0.2～0.4	PC-3 PA-3	0.3～0.5

注：表中用量是指包括稀释剂和水分等在内的液体沥青、乳化沥青的总量。乳化沥青中的残留物含量以50%为基准。

8.2.4 黏层油宜采用沥青洒布车喷洒,并选择适宜的喷嘴,洒布速度和喷洒量保持稳定。当采用机动或手摇的手工沥青洒布机喷洒时,必须由熟练的技术工人操作,均匀洒布。气温低于10℃时不得喷洒黏层油,寒冷季节施工不得不喷洒时可以分成两次喷洒。路面潮湿时不得喷洒黏层油,用水洗刷后需待表面干燥后喷洒。

8.2.5 喷洒的黏层油必须成均匀雾状,在路面全宽度内均匀分布成一薄层,不得有洒花漏空或成条状,也不得有堆积。喷洒不足的要补洒,喷洒过量处应予刮除。喷洒黏层油后,严禁运料车外的其他车辆和行人通过。

8.2.6 黏层油宜在当天洒布,待乳化沥青破乳、水分蒸发完成,或稀释沥青中的稀释剂基本挥发完成后,紧跟着铺筑沥青层,确保黏层不受污染。

8.3 下封层

8.3.1 为保证非沥青层与沥青层层间连续结合,防水水分经沥青层渗入非沥青层,宜在喷洒透层油后铺筑下封层。

8.3.2 下封层宜采用SBS改性乳化沥青单层表处或同步碎石封层,也可采用热喷改性沥青表处结构。

8.3.3 下封层集料宜采用碱性石料生产的碎石,规格为S14(3~5mm)。

8.3.4 下封层施工步骤:

(1)在喷洒透层油的水泥稳定碎石基层表面,用智能型沥青洒布车喷洒改性乳化沥青,数量按纯沥青计为0.6~0.8kg/m^2。

(2)每段改性乳化沥青喷洒后,立即用集料撒布机撒布集料,数量为:5~6m^3/1 000m^2。

(3)集料撒布后即用轮胎压路机均匀碾压3遍,每次碾压重叠1/3轮宽,碾压要求两侧到边。碾压顺序由路肩到中央分隔带以此碾压。

(4)碾压完毕后封闭交通,自然养生7d后方可允许工程车通行和进行上层施工。

9 水泥混凝土桥面沥青铺装层

9.1 一般规定

9.1.1 大中型水泥混凝土桥桥面铺筑的沥青铺装层,应满足与混凝土桥面的黏结、防止渗水、抗滑及有较高抵抗振动变形的能力等功能性要求,并设置有效的桥面排水系统。

9.1.2 铺装沥青层的下卧层必须符合平整、粗糙、整洁的要求,桥面纵、横坡符合要求。

9.1.3 水泥混凝土桥面板表面应除去过高的突出部位,作铣刨、喷砂、抛丸或凿毛处理,清除浮浆。

9.1.4 铺设桥面铺装必须确保混凝土完全干燥,严禁在潮湿条件下铺设防水黏结层及摊铺沥青混合料,防止混凝土中的水分在施工或使用过程中遇热变成水汽使防水黏结层产生鼓包。

9.1.5 桥面铺装的复压宜采用轮胎压路机或钢筒式压路机进行,经试验或经验证明不致损坏桥梁结构时,也可采用振动压路机碾压。

9.2 基面处理

9.2.1 桥面铺装施工前,必须清除混凝土板基面上的所有灰尘、浮浆、油污等杂物,确保混凝土板干净、干燥。

9.2.2 混凝土桥面板的预处理

可采用以下方式进行:

(1)清扫,主要清洁较大粒径的污染物,如泥土,碎石等。

(2)真空清洁方法,主要清洁混凝土表面的一些细小灰尘、砂等杂物。

(3)压缩空气法,基本可清除混凝土板上的所有可移动的杂物。

应根据桥面实际情况选择最适宜的处理方法,使桥面板形成干燥、清洁、粗糙的表面。

9.2.3 混凝土桥面板的喷砂处理

(1)混凝土桥面板宜采用喷砂方式进行处理。

(2)桥面打砂宜选择全自动喷砂机进行处理,采用全钢丸的喷砂方式。

(3)喷砂后应清除混凝土表面全部浮浆,经处理的表面应具有一定的粗糙,构造深度应达到0.4~0.6mm。

9.3 防水黏结层施工

9.3.1 冷涂防水黏结层施工

1)环境要求

(1)遇下雨、下雪、结露等天气条件时,严禁涂布作业。

(2)不可在雨天后半夜潮露时或基面温度在露点温度以下施工。

(3)涂布前,下卧层表面应清理彻底,无任何污染物。

2)施工

(1)冷涂防水黏结剂的施工一般采用人工的方式,有条件时也可采用机械喷涂。

(2)冷涂防水黏结剂使用前必须搅拌均匀,并注意密封和密封期。

(3)根据不同需要,冷涂防水黏结剂宜涂刷2~3遍,每遍用量为0.1~0.2kg/m^2。

(4)涂刷时应做到厚度适宜,涂布均匀,不得有流淌、堆积或漏涂现象,以利于溶剂蒸发,避免起泡。

(5)施工时应选择“先远后近”的原则,涂刷时应纵横交错进行,即先纵向涂刷再横向涂刷,使基面均匀满布。

(6)当冷涂防水黏结剂作为防水黏结层直接施工在水泥混凝土桥面板上时,应测试黏结强度,达到设计要求后方可进行下一步施工。

9.3.2 热熔沥青碎石防水黏结层施工

(1)整个铺筑过程直至铺设石屑保护层前严禁包括行人在内的一切交通。

(2)在经处治合格的桥面板上分热喷沥青防水层,必须均匀一致,且达到要求的厚度。

(3)沥青喷洒后立即撒布碎石保护层,撒布量以60%~70%面积覆盖为度。

9.3.3 沥青混合料类防水黏结层施工

(1)沥青混合料类防水黏结层施工前,应对其性能进行检测。

(2)沥青混合料类防水黏结层一般采用人工刮涂的方式(也可选用机械摊铺)进行施工,施工完毕后应没有孔隙和露空,对下卧层应充分覆盖和封闭。

(3)人工施工时,应经常检查沥青混合料类防水黏结层的施工厚度,不符合要求的应立即处理。

10 质量管理与检查验收

10.1 一般规定

10.1.1 质量管理包括所用材料的标准试验、铺筑试验段、施工过程中的质量管理和检查验收(工序间)。

10.1.2 工地实验室应能进行所用基层材料的各项试验,还应具备进行现场压实度和平整度检查的能力,应配备弯沉测量的仪具和路面钻机。

10.1.3 各个工序完结后,均应进行检查验收。经检验合格后,方可进行下一个工序。凡经检验不合格的段落,必须进行补救,使其达到要求。

10.1.4 应根据全面质量管理的要求,建立健全有效的质量保证体系,对施工各工序的质量进行检查评定,达到规定的质量标准,确保施工质量的稳定性。

10.1.5 沥青路面应加强施工过程质量控制,实行动态质量管理。

10.1.6 本规范规定的技术要求是工程施工质量管理和交工验收的依据。

10.1.7 所有与工程建设有关的原始记录、试验检测及计算数据、汇总表格,必须如实记录和保存。对已经采取措施进行返工和补救的项目,可在原记录和数据上注明,但不得销毁。

10.2 施工前的材料与设备检查

10.2.1 施工前必须检查各种材料的来源和质量。对经招标程序购进的沥青、集料等重要材料,供货单位必须提交最新检测的正式试验报告。从国外进口的材料应提供该批材料的船运单。对首次使用的集料,应检查生产单位的生产条件、加工机械、覆盖层的清理情况。所有材料都应按规定取样检测,经质量认可后方可订货。

10.2.2 各种材料都必须在施工前以"批"为单位进行检查,不符合本规范技术要求的材料不得进场。对各种矿料是以同一料源、同一次购入并运至生产现场的相同规格材料为一“批”;对沥青是指从同一来源、同一次购入且储入同一沥青罐的同一规格的沥青为一“批”。材料试样的取样数量与频度按现行试验规程的规定进行。

10.2.3 工程开始前,必须对材料的存放场地、防雨和排水措施进行确认,不符合本规范要求时材料不得进场。进场的各种材料的来源、品种、质量应与招标及提供的样品一致,不符要求的材料严禁使用。

10.2.4 使用成品改性沥青的工程,应要求供应商提供所使用的改性剂型号、基质沥青的质量检测报告。使用现场改性沥青的工程,应对试生产的改性沥青进行检测。质量不合格的不可使用。

10.2.5 施工前应对沥青拌和楼、摊铺机、压路机等各种施工机械和设备进行调试,对机械设备的配套情况、技术性能、传感器计量精度等进行认真检查、标定,并得到监理的认可。

10.2.6 正式开工前,各种原材料的试验结果,及据此进行的目标配合比设计和生产配合比设计结果,应在规定的期限内向业主及监理提出正式报告,待取得正式认可后,方可使用。

10.2.7 对初步确定使用的底基层和基层混合料,包括掺配后不用结合料稳定的材料,应进行表10.2.7所列的试验。

表10.2.7　底基层和基层混合料的试验项目

试验项目	目的
重型击实试验	求最佳含水率和最大干密度,以规定工地碾压时的合适含水率和应该达到的最小干密度,确定制备强度试验和耐久性试验的试件所应该用的含水率和干密度;确定制备承载比试件的材料含水率
振动击实试验	求最佳含水率和最大干密度,以规定工地碾压时的合适含水率和应该达到的最小干密度,期望与重型击实试验相比较,可在降低水泥用量的基础上提高抗压强度,确定制备强度试验和耐久性试验的试件所应该用的含水率和干密度;确定制备承载比试件的材料含水率
承载比	求工地预期干密度下的承载比,确定材料是否适宜做基层或底基层
抗压强度	进行材料组成设计,选定最适宜于用水泥稳定的碎石;规定施工中所用的结合料剂量;为工地提供评定质量的标准
延迟时间	对已定水泥剂量的混合料,确定延迟时间对混合料密度和抗压强度的影响,并据此确定施工允许的延迟时间

10.3　铺筑试验路段

10.3.1　沥青路面各结构层在施工前应铺筑试验段。当同一施工单位在材料、机械设备及施工方法与其他工程完全相同时,也可利用其他工程的结果,不再铺筑新的试验路段。

10.3.2　试验段的长度应根据试验目的确定,通常宜为100～200m,宜选在正线上铺筑。

10.3.3　应通过铺筑级配碎石底基层试验段,确定以下主要项目:

1)用于施工的集料配合比例。

2)材料的松铺系数。

3)确定标准施工方法:

(1)集料数量的控制。

(2)集料摊铺方法和适用机具。

(3)合适的拌和机械、拌和方法、拌和深度和拌和遍数。

(4)集料含水率的增加和控制方法。

(5)整平和整形的合适机具和方法。

(6)压实机械的选择和组合,压实的顺序、速度和遍数。

(7)拌和、运输、摊铺和碾压机械的协调和配合。

(8)密实度的检查方法,初定每一作业段的最小检查数量。

(9)确定每一作业段的合适长度。

(10)确定一次铺筑的合适厚度。

10.3.4　通过水泥稳定碎石基层试验段,除确定本规范10.3.3条所列者外,还应确定控制结合料数量和拌和均匀性的方法,还包括通过严密组织拌和、洒水、整形、碾压等工序,缩短延迟时间,规定允许的拌和时间。

10.3.5　热拌热铺沥青混合料路面试验段铺筑分试拌及试铺两个阶段,应包括下列试验内容:

(1)检验各种施工机械的类型、数量及组合方式是否匹配。

(2)通过试拌确定拌和机的操作工艺,考察计算机打印装置的可信度。

(3)通过试铺确定透层油的喷洒方式和效果、摊铺、压实工艺,确定松铺系数等。

(4)验证沥青混合料生产配合比设计,提出生产用的标准配合比和最佳沥青用量。

(5)建立用钻孔法与核子密度仪无破损检测路面密度的对比关系。确定压实度的标准检测方法。核子仪等无破损检测在碾压成型后热态测定,取13个测点的平均值为1

组数据,一个试验段不得少于3组。钻孔法在第2天或第3天以后测定,钻孔数不少于12个。

(6)检测试验段的渗水系数。

10.3.6 试验段铺筑应由有关各方共同参加,及时商定有关事项,明确试验结论。铺筑结束后,施工单位应就各项试验内容提出完整的试验路施工、检测报告,取得业主或监理的批复。

10.4 施工过程中的质量管理与检查

10.4.1 施工单位在施工过程中应随时对施工质量进行自检。监理应按规定要求自主地进行试验,并对承包商的试验结果进行认定,如实评定质量,计算合格率。当发现有质量低劣等异常情况时,应立即追加检查。施工过程中无论是否已经返工补救,所有数据均必须如实记录,不得丢弃。

10.4.2 对用做底基层和基层的原材料,应进行表10.4.2所列的试验。

表10.4.2 底基层和基层原材料的试验项目与频度

试验项目	材料名称	目的	频度	仪器和试验方法
含水率	碎石	确定原始含水率	每天使用前测2个样品	烘干法、酒精燃烧法、含水率快速测定仪
颗粒分析	碎石	确定级配是否符合要求,确定材料配合比	每2 000m³测2个样品	筛分法
液限、塑限	级配碎石中0.5mm以下的细土	求塑性指数,审定是否符合规定	每2 000m³测2个样品	液限、塑限联合测定法测液限;滚搓法塑限试验测塑限
相对毛体积密度、吸水率	碎石	评定粒料质量,计算固体体积率	每2 000m³测2个样品,碎石种类变化重做2个样品	网篮法或容积1 000mL以上的比重瓶法
压碎值	碎石	评定石料的抗压碎能力是否符合要求	同上	集料压碎值试验
水泥强度等级和终凝时间	水泥	确定水泥的质量是否适宜应用	做材料组成设计时测1个样品,料源或强度等级变化时重测	水泥胶砂强度检验方法,水泥凝结时间检验方法

10.4.3 沥青混合料生产过程中,必须按表10.4.3规定的检查项目与频度,对各种原材料进行抽样试验,其质量应符合本规范规定的技术要求。每个检查项目的平行试验次数或一次试验的试样数必须按相关试验规程的规定执行,并以平均值评价是否合格。

表 10.4.3 热拌沥青混合料施工过程中材料质量检查的项目与频度

材 料	检 查 项 目	检 查 频 度	试验规程规定的平行试验次数或一次试验的试样数
粗集料	外观(石料品种、含泥量等)	随时	—
	针片状颗粒含量	随时	2~3
	颗粒组成(筛分)	随时	2
	压碎值	必要时	2
	磨光值	必要时	4
	洛杉矶磨耗值	必要时	2
	含水率	必要时	2
细集料	颗粒组成(筛分)	随时	2
	砂当量	必要时	2
	含水率	必要时	2
	松方单位重	必要时	2
矿粉	外观	随时	—
	<0.075mm 含量	必要时	2
	含水率	必要时	2
石油沥青	针入度	每2~3天1次	3
	软化点	每2~3天1次	2
	延度	每2~3天1次	3
	含蜡量	必要时	2~3
改性沥青	针入度	每天1次	3
	软化点	每天1次	2
	离析试验(对成品改性沥青)	每周1次	2
	低温延度	必要时	3
	弹性恢复	必要时	3
	显微镜观察(对现场改性沥青)	随时	—
乳化沥青	蒸发残留物含量	每2~3天1次	2
	蒸发残留物针入度	每2~3天1次	2
改性乳化沥青	蒸发残留物含量	每2~3天1次	2
	蒸发残留物针入度	每2~3天1次	3
	蒸发残留物软化点	每2~3天1次	2
	蒸发残留物的延度	必要时	3

注:1. 表列内容是在材料进场时已按“批”进行了全面检查的基础上,日常施工过程中质量检查的项目与要求。
2. “随时”是指需要经常检查的项目,其检查频度可根据材料来源及质量波动情况由业主及监理确定;“必要时”是指施工各方任何一个部门对其质量发生怀疑,提出需要检查时,或是根据需要商定的检查频度。

10.4.4 基层和底基层施工过程中的质量管理包括外形尺寸的控制和检查以及质量控制和检查。

10.4.5 基层和底基层施工过程中外形尺寸检查项目、频度和质量标准应符合表10.4.5的要求。

表10.4.5 基层和底基层外形尺寸检查项目、频度和质量标准

工程类别	项目		频度	质量标准
底基层	纵断面高程(mm)		每20延米1个断面,每个断面3~5个点	+5,-15
	厚度(mm)	均值	每1 500m^2~2 000m^2 6个点	-10
		单个值		-25
	宽度(mm)		每40延米1处	0以上
	横坡度(%)		每100延米3处	±0.3
	平整度(mm)		每200延米2处,每处连续10尺(3m直尺)	12
基层	纵断面高程(mm)		每20延米1个断面,每个断面3~5个点	+5,-10
	厚度(mm)	均值	每1 500m^2~2 000m^2 6个点	-8
		单个值		-10
	宽度(mm)		每40延米1处	0以上
	横坡度(%)		每100延米3处	±0.3
	平整度(mm)		每200延米2处,每处连续10尺(3m直尺)	8
	连续式平整度仪的标准差(mm)			3.0

10.4.6 基层和底基层施工过程中质量控制的项目、频度和质量标准应符合表10.4.6的要求。

表10.4.6 基层和底基层质量控制的项目、频度和质量标准

工程类别	项目	频度	质量标准
级配碎石底基层	级配	据观察,异常时随时试验	在本规范规定范围内
	拌和均匀性	随时观察	无粗细集料离析现象
	压实度	每一作业段或不大于2 000m^{2}检查6次以上	96%以上
	塑性指数	每1 000m^2 1次,异常时随时试验	小于本规范规定值
	承载比	每3 000m^2 1次,据观察,异常时随时增加试验	不小于本规范规定值
	弯沉值检验	每一评定段(不超过1km)每车道40~50个测点	97.7%概率的上波动界限不大于计算得的容许值
水泥稳定碎石基层	级配	每2 000m^2 1次	在本规范规定范围内
	集料压碎值	据观察,异常时随时试验	不超过本规范规定值
	水泥剂量	每2 000m^2 1次,至少6个样品	不小于设计值-1.0%
	含水率	每2 000m^2 1次	在本规范规定范围内
	拌和均匀性	随时观察	无灰条、灰团,色泽均匀,无离析现象
	压实度	每一作业段或不大于2 000m^{2}检查6次以上	98%以上
	抗压强度	每一作业段或每2 000m^2 6个试件	符合本规范规定要求

10.4.7 对于水泥稳定碎石基层,应取钻件(俗称路面芯样)检验其整体性。水泥稳定基层的龄期 7~10d 时,应能取出完整的钻件。

如果路面钻机取不出水泥稳定基层,则应找出不合格基层的界限,进行返工处理。

10.4.8 沥青拌和厂必须按下列步骤对沥青混合料生产过程进行质量控制,并按表 10.4.8 规定的项目和频度检查沥青混合料产品的质量,如实计算产品的合格率。单点检验评价方法应符合相关试验规程的试样平行试验的要求。

表 10.4.8 热拌沥青混合料检查的频度和质量要求

<table>
<tr><th colspan="2">项　目</th><th>检查频度及单点检验评价方法</th><th>质量要求或允许偏差</th><th>试 验 方 法</th></tr>
<tr><td colspan="2">混合料外观</td><td>随时</td><td>观察集料粗细、均匀性、离析、油石比、色泽、冒烟、有无花白料、油团等各种现象</td><td>目测</td></tr>
<tr><td rowspan="3">拌和温度</td><td>沥青、集料的加热温度</td><td>逐盘检测评定</td><td>符合本规范规定</td><td>传感器自动检测、显示并打印</td></tr>
<tr><td rowspan="2">混合料出厂温度</td><td>逐车检测评定</td><td>符合本规范规定</td><td>传感器自动检测、显示并打印,出厂时逐车按 T 0981 人工检测</td></tr>
<tr><td>逐盘测量记录,每天取平均值评定</td><td>符合本规范规定</td><td>传感器自动检测、显示并打印</td></tr>
<tr><td rowspan="9">矿料级配(筛孔)</td><td>0.075mm</td><td rowspan="3">逐盘在线检测</td><td>±2%</td><td rowspan="3">计算机采集数据计算</td></tr>
<tr><td>≤2.36mm</td><td>±4%</td></tr>
<tr><td>≥4.75mm</td><td>±5%</td></tr>
<tr><td>0.075mm</td><td rowspan="3">逐盘检查,每天汇总 1 次取平均值评定</td><td>±1%</td><td rowspan="3">附录 G 总量检验</td></tr>
<tr><td>≤2.36mm</td><td>±2%</td></tr>
<tr><td>≥4.75mm</td><td>±2%</td></tr>
<tr><td>0.075mm</td><td rowspan="3">每台拌和机每天 1~2 次,以 2 个试样的平均值评定</td><td>±2%</td><td rowspan="3">T 0725 抽提筛分与标准级配比较的差</td></tr>
<tr><td>≤2.36mm</td><td>±3%</td></tr>
<tr><td>≥4.75mm</td><td>±4%</td></tr>
<tr><td colspan="2" rowspan="3">沥青用量(油石比)</td><td>逐盘在线监测</td><td>±0.3%</td><td>计算机采集数据计算</td></tr>
<tr><td>逐盘检查,每天汇总 1 次取平均值评定</td><td>±0.1%</td><td>附录 G 总量检验</td></tr>
<tr><td>每台拌和机每天 1~2 次,以 2 个试样的平均值评定</td><td>±0.3%</td><td>抽提 T 0722、T 0721</td></tr>
<tr><td colspan="2">马歇尔试验:空隙率、稳定度、流值</td><td>每台拌和机每天 1~2 次,以 4~6 个试件的平均值评定</td><td>符合本规范规定</td><td>T 0702、T 0709</td></tr>
</table>

续上表

项　目	检查频度及单点检验评价方法	质量要求或允许偏差	试验方法
浸水马歇尔试验	必要时(试件数同马歇尔试验)	符合本规范规定	T 0702、T 0709
车辙试验	必要时(以3个试件的平均值评定)	符合本规范规定	T 0719

注:1. 单点检验是指试验结果以一组试验结果的报告值为一个测点的评价依据,一组试验(如马歇尔试验、车辙试验)有多个试样时,报告值的取用按《公路工程沥青与沥青混合料试验规程》的规定执行。

2. 矿料级配和油石比必须进行总量检验和抽提筛分的双重检验控制,互相校核,表中括号内的数字是对SMA的要求。油石比抽提试验应事先进行空白试验标定,提高测试数据的准确度。

(1)从料堆和皮带运输机随时目测各种材料的质量和均匀性,检查泥块及超粒径碎石,检查冷料仓有无窜仓。目测混合料拌和是否均匀,有无花白料,油石比是否合理,检查集料和混合料的离析情况。

(2)检查控制室拌和机各项参数的设定值、控制屏的显示值,核对计算机采集和打印记录的数据与显示值是否一致。按附录G的方法进行沥青混合料生产过程的在线监测和总量检验。按附录I的方法进行沥青混合料质量动态管理。

(3)检测沥青混合料的材料加热温度、混合料出厂温度,取样抽提、筛分检测混合料的矿料级配、油石比。抽提筛分应至少检查0.075mm、2.36mm、4.75mm、公称最大粒径及中间粒径等5个筛孔的通过率。

(4)取样成型试件进行马歇尔试验,测定空隙率、稳定度、流值,计算合格率。对VMA、VFA指标可只作记录。同时按附录H的方法确定压实度的标准密度。

10.4.9　沥青路面铺筑过程中必须随时对铺筑质量进行评定,质量检查的内容、频度、允许差应符合表10.4.9的规定。

表10.4.9　热拌沥青混合料路面施工过程中工程质量的控制标准

项　目		检查频度及单点检验评价方法	质量要求或允许偏差	试验方法
外观		随时	表面平整密实,不得有明显轮迹、裂缝、推挤、油丁、油包等缺陷,且无明显离析	目测
接缝		随时	紧密平整、顺直、无跳车	目测
		逐条缝检测评定	3mm	T 0931
施工温度	摊铺温度	逐车检测评定	符合本规范规定	T 0981
	碾压温度	随时	符合本规范规定	插入式温度计实测

续上表

项目		检查频度及单点检验评价方法	质量要求或允许偏差	试验方法
厚度	每一层次	随时,厚度50mm以下 厚度50mm以上	设计值的5% 设计值的8%	施工时插入法量测松铺厚度及压实厚度
	每一层次	1个台班区段的平均值 厚度50mm以下 厚度50mm以上	 -3mm -5mm	附录G总量检验
	总厚度	每2 000m² 一点单点评定	设计值的-5%	T 0912
	上面层	每2 000m² 一点单点评定	设计值的-10%	
压实度		每2 000m² 检查1组逐个试件评定并计算平均值	实验室标准密度的97%(98%) 最大理论密度的93%(94%) 试验段密度的99%(99%)	T 0924、T 0922 本规范附录H
平整度(最大间隙)	上面层	随时,接缝处单杆评定	3mm	T 0931
	中下面层	随时,接缝处单杆评定	5mm	T 0931
平整度(标准差)	上面层	连续测定	1.2mm	T 0932
	中面层	连续测定	1.5mm	
	下面层	连续测定	1.8mm	
	基层	连续测定	2.4mm	
宽度	有侧石	检测每个断面	±20mm	T 0911
	无侧石	检测每个断面	不小于设计宽度	
纵断面高程		检测每个断面	±10mm	T 0911
横坡度		检测每个断面	±0.3%	T 0911
沥青层层面上的渗水系数		每1km不少于5点,每点3处取平均值	100mL/min	T 0971

注:1. 压实度检测按附录H的规定执行,钻孔试件的数量按本规范10.4.9的规定执行。括号中的数值是对SMA路面的要求,对马歇尔成型试件采用50次或者35次击实的混合料,压实度应适当提高要求。进行核子仪等无破损检测时,每13个测点的平均数作为一个测点进行评定是否符合要求。实验室密度是指与配合比设计相同方法成型的试件密度。以最大理论密度作标准密度时,对普通沥青混合料通过真空法实测确定,对改性沥青和SMA混合料,由每天的矿料级配和油石比计算得到。

2. 渗水系数适用于公称最大粒径等于或小于19mm的沥青混合料,应在铺筑成型后未遭行车污染的情况下测定,且仅适用于要求密水的密级配沥青混合料、SMA混合料。

3. 3m直尺主要用于接缝检测,对正常生产路段,采用连续式平整度仪测定。

10.4.10 沥青路面施工厚度的检测按以下方法执行,并相互校核,当差值较大时通常以总量检验为准。

(1)利用摊铺过程在线控制,即不断地用插尺或其他工具插入摊铺层测量松铺厚度。

(2)利用拌和厂沥青混合料总生产量与实际铺筑的面积计算平均厚度进行总量检验。

(3)当具有地质雷达等无破损检验设备时,可利用其连续检测路面厚度,但其测试精度需经标定认可。

(4)待路面完全冷却后,在钻孔检测压实度的同时测量沥青层的厚度。

10.4.11 沥青路面的压实度采取重点对碾压工艺进行过程控制,适度钻孔抽检压实度的方法。

(1)碾压工艺的控制包括压路机的配置(台数、吨位及机型)、排列和碾压方式、压路机与摊铺机的距离、碾压温度、碾压速度、压路机洒水(雾化)情况、碾压段长度、调头方式等。

(2)碾压过程中宜采用核子密度仪等无破损检测设备进行压实密度过程控制,测点随机选择,一组不少于13点,取平均值,与标定值或试验段测定值比较评定。测定温度应与试验段测定时一致,检测精度通过试验路与钻孔试件标定。

(3)在路面完全冷却后,随机选点钻孔取样,如一次钻孔同时有多层沥青层时需用切割机切割,待试件充分干燥后(在第二天之后),分别测定密度。压实度计算及标准密度的确定方法应遵照本规范附录H的规定,选用其中的1个或2个标准评定,并以合格率低的作为评定结果,但不得以配合比设计时的标准密度作为整个施工及验收过程中的标准密度使用。钻孔后应及时将孔中灰浆淘净,吸净余水,待干燥后以相同的沥青混合料分层填充夯实。为减少钻孔数量,有关施工、监理、监督各方宜合作进行钻孔检测,以避免重复钻孔。

(4)测试压实度的一组数据最少为3个钻孔试件,当一组检测的合格率小于60%,或平均值 $\bar{x}_3$ 小于要求的压实度时,可增加一倍检测点数。如6个测点的合格率小于60%,或平均值 $\bar{x}_6$ 仍然达不到压实度要求时,允许再增加一倍检测点数,要求其合格率大于60%,且 $\bar{x}_{12}$ 达到规定的压实度要求(注意记录所有数据不得遗弃)。如仍然不能满足要求的应核查标准密度的准确性,以确定是否需要返工以及返工的范围。当所有钻孔试件检测的压实度持续稳定并符合要求时,钻孔频度可减少至每公里不少于一个孔。施工过程中钻孔的试件宜编号贴上标签予以保存,以备工程交工验收时使用。

(5)压实层厚度等于或小于3cm的超薄表面层或磨耗层、厚度小于4cm的SMA表面层、易发生温缩裂缝的严寒地区的表面层、桥面铺装沥青层,以及使用改性沥青后,钻孔试样表面形状改变,难以准确测定密度时,可免于钻孔取样,严格控制碾压。

10.4.12 压实成型的路面应按《公路路基路面现场测试规程》规定的方法随机选点检测渗水情况。如需要测定构造深度时,宜在测定渗水的同时在附近选点测定,记录实测结果。

10.4.13 沥青路面施工过程中应随时对路面进行外观(色泽、油膜厚度、表面空隙)评定,尤其特别注意防止粗细集料的离析和混合料温度不均,造成路面局部渗水严重或压实不足,酿成隐患。如果确实该路段严重离析、渗水,且经2次补充钻孔仍不能达到压实度要求,确属施工质量差的,应予铣刨或局部挖补,返工重铺。

10.4.14 沥青路面施工过程中必须随时用3m直尺检测接缝及检测与检测构造物的连接处的平整度，正常路段的平整度采用连续式平整度仪或颠簸累积仪测定。

10.4.15 沥青路面的施工应按附录I的方法，利用计算机实行动态质量管理，并计算平均值、极差、标准差及变异系数以及各项指标的合格率。

10.4.16 公路施工的关键工序或重要部位宜拍摄照片或进行录像，作为实态记录及保存资料的一部分。

10.5 交工验收阶段的工程质量检查与验收

10.5.1 底基层和基层检查验收的内容包括竣工后的外形和质量。以1km长的路段作为评定单位，采用大流水作业法施工时，也可以每天完成的段落为评定单位。首先检查施工原始记录，对检查内容进行初步评定，然后进行随机抽样检查。

10.5.2 底基层和基层竣工工程外形的检查项目、频度和质量标准值应符合表10.5.2的要求。

表10.5.2 底基层和基层竣工工程外形的检查项目、频度和质量标准值

<table>
<tr><th>工程类别</th><th colspan="2">项目</th><th>频度</th><th>质量标准</th></tr>
<tr><td rowspan="4">路基</td><td colspan="2">高程(mm)</td><td>每200m4点</td><td>+10，-15</td></tr>
<tr><td colspan="2">宽度(mm)</td><td>每200m4个断面</td><td>不小于设计值</td></tr>
<tr><td colspan="2">横坡度(%)</td><td>每200m4个断面</td><td>±0.5</td></tr>
<tr><td colspan="2">平整度(mm)</td><td>每200m2处，每处连续10尺(3m直尺)</td><td>≤15</td></tr>
<tr><td rowspan="6">底基层</td><td colspan="2">高程(mm)</td><td>每200m4点</td><td>+5，-15</td></tr>
<tr><td rowspan="2">厚度(mm)</td><td>均值</td><td rowspan="2">每200m每车道1点</td><td>-10</td></tr>
<tr><td>单个值</td><td>-25</td></tr>
<tr><td colspan="2">宽度(mm)</td><td>每200m4个断面</td><td>0以上</td></tr>
<tr><td colspan="2">横坡度(%)</td><td>每200m4个断面</td><td>±0.3</td></tr>
<tr><td colspan="2">平整度(mm)</td><td>每200m2处，每处连续10尺</td><td>12</td></tr>
<tr><td rowspan="7">基层</td><td colspan="2">高程(mm)</td><td>每200m4点</td><td>+5，-10</td></tr>
<tr><td rowspan="2">厚度(mm)</td><td>均值</td><td rowspan="2">每200m每车道1点</td><td>-8</td></tr>
<tr><td>单个值</td><td>-15</td></tr>
<tr><td colspan="2">宽度(mm)</td><td>每200m4个断面</td><td>0以上</td></tr>
<tr><td colspan="2">横坡度(%)</td><td>每200m4个断面</td><td>±0.3</td></tr>
<tr><td colspan="2" rowspan="2">平整度(mm)</td><td>每200m2处，每处连续10尺</td><td>8</td></tr>
<tr><td>连续式平整度仪的标准差(mm)</td><td>3.0</td></tr>
</table>

厚度检查后,应按式(10.5.2-1)和式(10.5.2-2)分别计算其平均值 $\overline{X}$ 和标准差 S:

$$\overline{X} = \frac{X_1 + X_2 + \cdots + X_n}{n} \tag{10.5.2-1}$$

$$S = \sqrt{\frac{(X_2 - \overline{X})^2 + (X_2 - \overline{X})^2 + \cdots + (X_n - \overline{X})^2}{n-1}} \tag{10.5.2-2}$$

式中:X_1、$X_2 \cdots X_n$——每次检查得的厚度值;

n——检查数量。

按式(10.5.2-3)计算算术平均值的下置信限 $\overline{X}_L$:

$$\overline{X}_L = \overline{X} - t_\alpha \frac{S}{\sqrt{n}} \tag{10.5.2-3}$$

式中:t_α——t 分布表中随自由度和保证率(或置信度 α)而变的系数,取保证率 99%。厚度平均值的下置信限($\overline{X}_L$)应不小于设计厚度减去均值允许误差。

10.5.3 底基层和基层应按表 10.5.3 对工程质量进行检查验收。

表 10.5.3 底基层和基层质量合格标准值

工程类别	检查项目	检查数量	标准值	极限低值
路基	压实度	200m4 处(灌砂法)	不小于 95%	90%
	碾压检验	全面,随时	无“弹簧”现象	—
	弯沉值	第一评定段(不超过 1km)每车道 40~50 个测点	按附录 F 所得的弯沉标准值	—
底基层	压实度	6~10 处	96%	92%
	弯沉值	每车道 40~50 个测点	按附录 F 所得的弯沉标准值	—
级配碎石基层	压实度	6~10 处	96%	92%
	颗粒组成	2~3	规定级配范围	—
	弯沉值	每车道 40~50 个测点	按弯沉标准值	—
水泥稳定碎石基层	压实度	6~10 处	98%	94%
	颗粒组成		规定级配范围	—
	水泥剂量(%)	3~6 处	设计值	设计值 -1.0%
沥青稳定碎石基层	压实度	每 1km5 点	96%(马歇尔试件密度)	—
	弯沉值	全线每 20m1 点	按附录 F 所得的弯沉标准值	—

10.5.4 测量弯沉后,考虑一定保证率测量值的上波动界限按式(10.5-4)计算:

$$l_r = \bar{l} + Z_\alpha S \tag{10.5-4}$$

式中:l_r——测量值的上波动界限(即代表弯沉值);

$\bar{l}$——标准车测得的弯沉的平均值;

Z_α——与要求保证率有关的系数,可取 $Z_\alpha = 2.0$。

在计算观测值的平均值和标准差时,可将超出 $[\bar{l} \pm (2 \sim 3) S]$ 的弯沉特异值舍弃。舍弃后,计算得的代表弯沉值应不大于容许的弯沉值。

对舍弃的弯沉值过大的点,应找出其周围界限,并进行局部处理。

压实度检查后,其下置信限 $\overline{K}_L$ 应不小于标准值置 K_d[参看式(10.5.2-3)]。

水泥剂量测定后,其下置信限应不小于设计值。对超出极限值的点,应找出其范围并进行局部处理。

10.5.5 沥青路面工程完工后,施工单位应将全线以1~3km作为一个评定路段,每一侧车行道按表10.5.5的规定频度,随机选取测点,对沥青面层进行全线自检,将单个测定值与表中的质量要求或允许偏差进行比较,计算合格率,然后计算一个评定路段的平均值、极差、标准差及变异系数。施工单位应在规定时间内提交全线检测结果及施工总结报告,申请交工验收。

表10.5.5 热拌沥青混合料路面交工检查与验收质量标准

检查项目		检查频度(每一侧车行道)	质量要求或允许偏差	试验方法
外观		随时	表面平整密实,不得有明显轮迹、裂缝、推挤、油丁、油包等缺陷,且无明显离析	目测
面层总厚度	代表值	每1km5点	设计值的-5%	T 0912
	极值	每1km5点	设计值的-10%	T 0912
上面层厚度	代表值	每1km5点	设计值的-10%	T 0912
	极值	每1km5点	设计值的-20%	T 0912
压实度	代表值	每1km5点	实验室标准密度的96%(98%) 最大理论密度的92%(94%) 试验段密度的98%(99%)	T 0924
	极值(最小值)	每1km5点	比代表值放宽1%(每km)或2%(全部)	T 0924
路表平整度	标准差 σ	全线连续	1.2mm	T 0932
	IRI	全线连续	2.0m/km	T 0933
路表渗水系数		每1km不少于5点,每点3处取平均值评定	≤100mL/min	T 0971
宽度	有侧石	每1km20个断面	±20mm	T 0911
	无侧石	每1km20个断面	不小于设计宽度	T 0911
纵断面高程		每1km20个断面	±15mm	T 0911
中线偏位		每1km20个断面	±20mm	T 0911
横坡度		每1km20个断面	±0.3%	T 0911
弯沉	回弹弯沉	全线每20ml点	符合设计对交工验收的要求	T 0951
	总弯沉	全线每5ml点	符合设计对交工验收的要求	T 0952
构造深度		每1km5点	符合设计对交工验收的要求	T 0961/62/63
摩擦系数		摆值每1km5点	符合设计对交工验收的要求	T 0964
横向力系数		全线连续	符合设计对交工验收的要求	T 0965

10.5.6 沥青路面交工时应检查验收沥青面层的各项质量指标,包括路面的厚度、压实度、平整度、渗水系数、构造深度、摩擦系数。

(1)需要对破损路面进行检测,检测指标如厚度、压实度宜利用施工过程中的钻孔数据,检查每一个测点与极值相比的合格率,同时按附录 H 的方法计算代表值。厚度也可利用路面雷达连续测定路面剖面进行评定。压实度验收可选用其中的 1 个或 2 个标准,并以合格率低的作为评定结果。

(2)路表平整度可采用连续式平整度仪和颠簸累积仪进行测定,以每 100m 计算一个测值,计算合格率。

(3)路表渗水系数与构造深度宜在施工过程中在路面成型后立即测定,但每一个点为 3 个测点的平均值,计算合格率。

(4)交工验收时可采用连续式摩擦系数测定车在行车道路表横向摩擦系数,如实记录测点数据。

(5)交工验收时可选择贝克曼梁或连续式弯沉仪实测路面的回弹弯沉或总弯沉,如实记录测点数据,测定时间宜在公路的最不利使用条件下(指春融期或雨季)进行。

10.5.7 沥青路面工程交工时应对全线宽度、纵断面高程、横坡度、中线偏位等进行实测,以每个桩号的测定结果评定合格率,最后提出实际的竣工图。

10.5.8 大、中型桥梁桥面沥青铺装的质量检查与验收,以 100m 作为一个评定路段,其质量指标应符合表 10.5.8 的规定。

表 10.5.8 桥面沥青铺装工程质量标准

<table>
<tr><th colspan="2">检查项目</th><th>检查频度</th><th>允许偏差</th><th>检查方法</th></tr>
<tr><td colspan="2">厚度</td><td>每 100m2 点</td><td>0 ~ 5mm</td><td>T 0912</td></tr>
<tr><td rowspan="2">路表平整度</td><td>标准差</td><td>连续测定</td><td>1.8mm</td><td>T 0932</td></tr>
<tr><td>最大间隙</td><td>连续测定</td><td>3mm</td><td>T 0931</td></tr>
<tr><td colspan="2">宽度</td><td>每 100m10 点</td><td>0 ~ 5mm</td><td>T 0911</td></tr>
<tr><td colspan="2">压实度</td><td>每 100m2 点</td><td>马歇尔密度的 97%
最大相对密度的 93%</td><td>T 0924</td></tr>
<tr><td colspan="2">横坡</td><td>每 100m10 点</td><td>±0.3%</td><td>T 0911</td></tr>
<tr><td colspan="2">其他</td><td colspan="3">同本规范热拌沥青混合料要求</td></tr>
</table>

10.5.9 路缘石和止水带的质量检查及验收与车行道相同,其质量指标应符合表 10.5.9的规定。

表 10.5.9 路缘石及止水带工程质量标准

检 查 项 目	质量要求或允许偏差	检 查 频 度	检 查 方 法
直顺度	10mm	每 100m 2 点	拉 20m 小线量取最大值
预制块相邻块高差	3mm	每 100m 5 点	用钢板尺量
预制块相邻缝宽	±3mm	每 100m 5 点	用钢板尺量
立式路缘石顶面高程	±10mm	每 100m 5 点	T 0911
水泥混凝土路缘石的预制块强度	25MPa	每 1km 1 点	留试块试验
沥青混凝土拦水带的压实度	95%	每 1km 1 点	取样试验

10.6 工程施工总结及质量保证期管理

10.6.1 工程结束后,施工企业应根据国家竣工文件编制的规定,提出施工总结报告及若干个专项报告,连同竣工图表,形成完整的施工资料档案。

10.6.2 施工总结报告应包括工程概况(包括设计及变更情况)、工程基础资料、材料、施工组织、机械及人员配备、施工方法、施工进度、试验研究、工程质量评价、工程决算、工程使用服务计划等。

10.6.3 施工管理与质量检查报告应包括施工管理体制、质量保证体系、施工质量目标、试验段铺筑报告、施工前及施工中材料质量检查结果(测试报告)、施工过程中工程质量检查结果(测试报告)、工程交工验收质量自检结果(测试报告)、工程质量评价以及原始记录、相册、录像等各种附件。

10.6.4 施工企业在质保期内,应进行路面使用情况观测、局部损坏的原因分析和维修保养等。质量保证的期限根据国家规定或招标文件等要求确定。

附录A 半刚性基层材料振动法试件成型方法

A.1 目的和适用范围

本试验方法适用于采用振动压实方法成型无机结合料稳定粒料的各种试件,其中包括用于测试无侧限抗压强度、间接抗拉强度和抗压回弹模量的圆柱体试件和用于温缩系数、干缩系数、抗折强度以及抗折回弹模量测试的梁式试件。

圆柱体试件尺寸:直径150mm,高120~150mm;梁式试件尺寸:长400mm,宽100mm,高100mm。

A.2 仪器设备

(1)振动压实成型机(图A.2):静压力、激振力和频率可调(与振动法确定压实的标准所用设备相同)。配有ϕ150mm的圆形压头和100mm×400mm长方形压头。

(2)圆柱体试件模具

钢模:内径150mm,高170mm,壁厚10mm;

钢模套环:内径150mm,高50mm,壁厚10mm;

筒内垫块:直径150mm,厚20mm;

钢模底板:直径300mm,厚10mm。

以上各部件可用螺栓固定成一体。

(3)梁式试件模具

钢侧板:长450mm,宽180mm,厚150mm;

钢垫板:长400mm,宽100mm,厚25mm。

以上各部件可用螺栓固定成一体。

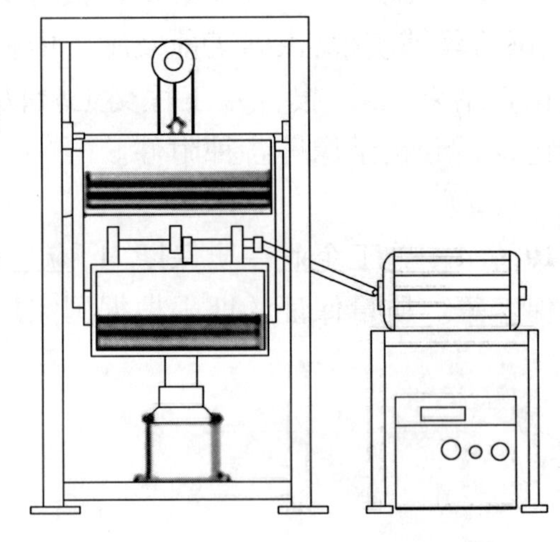

图A.2 振动压实成型机示意图

(4)台秤:量程15kg,感量5g;电子秤:量程3kg,感量0.01g。

(5)方孔筛:孔径37.5mm、31.5mm、26.5mm、19mm、9.5mm、4.75mm、2.36mm、0.6mm以及0.075mm标准筛各一个。

(6)量筒:50mL、100mL、500mL的量筒各一个。

(7)直刮刀:长200~250mm,宽30mm,厚3mm,一侧开口的直刮刀,用以刮平和修饰粒料大试件的表面。

(8)拌和工具:约 400mm × 600mm × 70mm 的长方形金属盘、拌和用平头小铲等。

(9)脱模器。

(10)用于固紧试模螺栓的扳手、钳子、用于调节偏心块夹角的小榔头等。

A.3　试料准备

在预定做试验的前一天,取有代表性的试料测定其风干含水量。对于细粒料,试料应不少于 100g;对于中粒料,试料应不少于 1 000g;对于粗粒料的各种集料,试料应不少于 2 000g。同时测定石灰和水泥的含水量。

按照压实标准试验确定的最大干密度、设计的集料级配以及试件的体积计算各种集料的重量并配料,配料的份数由测试的试验要求而定。

对于无侧限抗压强度、间接抗压强度、抗压回弹模量试验每种配合比需要 13 个试件,对于温缩系数、干缩系数、抗折强度、抗折回弹模量测试的梁式试件每种配合比需要 6 个试件、

A.4　试件制作步骤

(1)调节振动成型机的振动参数,对无机结合料稳定粒料一般选用静压力 1.9kN、激振力 6.8 ~ 6.9kN、振动频率为 28 ~ 30Hz 的振实条件。根据需要成型试件的形状分别安装圆形压头或长方形压头,然后仔细地确定出混合料振动压实并需要达到的规定尺寸,据此调节振动压实机振动器上标尺应达到的位置。

(2)取 1 份试料平铺于金属盘内,按事先通过压实标准试验确定的最佳含水率计算得的每份试料的应加水量将水均匀喷洒在试料上,用小铲将试料充分拌和到均匀的状态。

应加水量可按下式计算:

$$Q_w=\left(\frac{Q_n}{1+0.01w_n}+\frac{Q_c}{1+0.01w_c}\right)\times 0.01w-\frac{Q_n}{1+0.01w_n}\times 0.01w_n-\frac{Q_c}{1+0.01w_c}\times 0.01w_c \quad (A.4)$$

式中:Q_w——混合料中应加的水量(g);

Q_n——混合料中集料的质量(g),其原始含水量为 w_n,即风干含水量(%);

Q_c——混合料中水泥或石灰的质量(g),其原始含水量为 w_c(%);

w——要求达到的混合料的含水量(%)。

(3)将所有需要的结合料,如水泥、二灰等加到浸润后的试料中,并用小铲、泥刀或其他工具充分拌和到均匀状态。对于加有水泥的试料,应在拌和后 1h 内完成下述振实试验,拌和后超过 1h 的试样,应予作废(石灰稳定类和石灰粉煤灰稳定类除外)。

(4)将钢模套环、钢模及钢模底板紧密连接,然后将其放在坚实地面上,将拌和好的混合料按四分法分成四份,依次将混合料倒入筒内,一边倒一边用直径 2cm 左右的木棒插捣。混合料一次装完后整平其表面并稍加压紧,然后覆盖一片事先剪好的塑料纸。将钢模连同混合料放在振动压实机的钢质底板上,用螺栓将钢模底板与振动压实机底板固定在一起。

(5)将振动压头对准钢模后,拉动手动葫芦放下振动器,使振动压头与钢模内的混合料紧密接触,然后取下手动葫芦吊钩,放好手动葫芦拉链。检查振动压实成型机上的螺栓及相关连接处,确定没有任何物品放在振动压实成型机上。

(6)启动振动压实成型机开关,开始振动压实。仔细观察振实压实机上振动器标尺的位置变化,达到预定的标尺位置立即关闭,同时记下振动压实时间。

(7)用手动葫芦拉起振动压头。松开钢模底板的螺栓,将钢模连同经过振实后的混合料一起卸下,松开螺栓后取下钢模套环,此时振动压实后的混合料顶面应与钢模的上边缘齐平。

(8)托住钢模底部的垫块,小心将钢模与其中的混合料一起放到合适地方,根据混合料的类型静置一段时间后用脱模器将振实以后的混合料推出钢模。

(9)对于梁式试件,需要松开螺栓后,小心地将侧板取掉,但试件仍要放在钢垫板上不能移动,等混合料具有初步强度后方可移动。

(10)试件脱模或可以搬动后应马上用塑料薄膜包裹并放入养生室中进行养生,养生条件与规范中静压法相同。

A.5 注意事项及相关说明

(1)对于水泥稳定类材料,从加水拌和到进行压实试验间隔的时间愈长,水泥的水化作用和结硬程度就愈大,因此要求以水泥为结合料的试验拌和后要在1h内完成压实试验。

(2)由于振动容易对仪器造成损伤,在振动压实前需仔细检查仪器螺栓的紧固程度,操作时一定要遵守操作规程,不可疏忽大意。振动压实过程较短,应认真观察振动器压头是否达到跳起的状态,不要使振动压实成型机长时间在回弹跳起状态运行。

(3)对于振动压实后的混合料来说,为了防止变形或松散,圆柱体试件不宜立即脱模。振实后混合料脱模的时间应根据混合料的结构类型而定:

悬浮密实类结构混合料:2~3h;

骨架密实类结构混合料:5~6h;

骨架空隙类结构混合料:10~12h。

与圆柱体试件相比,梁式试件刚成型后更易受损,所以对于梁式试件而言,振动压实并拆除侧板后,试件仍需放置在钢垫板上,最好24h以后再移动,如确需临时移动,应托住钢垫板小心移动。

(4)在混合料装模并将其表面大致整平后应铺上塑料纸,然后进行振动压实。这样做主要是防止混合料中的细料浆粘在振动压头上,振动压头上黏附细料后不但对振动有影响,而且在振动完后提起压头时容易造成试件表面不平整。

(5)混合料拌和后装料时应严格按四分法进行,对于半刚性基层混合料而言,离析对室内试验的结果有很大影响。

附录 B　热拌沥青混合料马歇尔试验配合比设计方法

B.1　一般规定

B.1.1　本方法适用于密级配沥青混凝土及沥青稳定碎石混合料。

B.1.2　热拌沥青混合料的配合比设计应通过目标配合比设计、生产配合比设计及生产配合比验证三个阶段，确定沥青混合料的材料品种及配比、矿料级配、最佳沥青用量。本规范采用马歇尔试验配合比设计方法。如采用其他方法设计沥青混合料时，应按本规范规定进行马歇尔试验及各项配合比设计检验，并报告不同设计方法的试验结果。

B.1.3　配合比设计的试验方法必须遵照现行试验规程的方法执行。混合料拌和必须采用小型沥青混合料拌和机进行。混合料的拌和温度和试件制作温度应符合本规范的要求。

B.1.4　生产配合比设计可参照本方法规定的步骤进行。

B.2　确定工程设计级配范围

B.2.1　沥青路面工程的混合料设计级配范围由工程设计文件或招标文件规定，密级配沥青混合料的设计级配宜在本规范 7.3.2 规定的级配范围内，密级配沥青稳定碎石混合料可直接以本规范规定的级配范围作工程设计级配范围使用。经确定的工程设计级配范围是配合比设计的依据，不得随意变更。

B.2.2　调整工程设计级配范围宜遵循下列原则：

(1)为确保高温抗车辙能力，同时兼顾低温抗裂性能的需要。配合比设计时宜适当减少公称最大粒径附近的粗集料用量，减少 0.6mm 以下部分细粉的用量，使中等粒径集料较多，形成 S 形级配曲线，并取中等或偏高水平的设计空隙率。

(2)确定各层的工程设计级配范围时应考虑不同层位的功能需要，经组合设计的沥青路面应能满足耐久、稳定、密水、抗滑等要求。

B.3 材料选择与准备

B.3.1 配合比设计的各种矿料应按现行《公路工程集料试验规程》规定的方法,从工程实际使用的材料中取代表性样品并进行试验检测。进行生产配合比设计时,取样至少应在干拌5次以后进行。

B.3.2 沥青材料应按现行《公路工程沥青及沥青混合料试验规程》规定的方法,从准备使用的沥青罐(库)中取代表性样品并进行试验检测。

B.3.3 配合比设计所用的各种原材料质量应满足本规范的要求。

B.4 矿料配比设计

B.4.1 矿料配合比设计宜借助电子计算机的电子表格用试配法进行。

B.4.2 矿料级配曲线按现行《公路工程沥青及沥青混合料试验规程》的方法绘制(横坐标 $x = d_i^{0.45}$)。以原点与通过集料最大粒径100%的点的连线作为沥青混合料的最大密度线。

B.4.3 在工程设计级配范围内计算3组粗细不同的配比,绘制设计级配曲线,分别位于工程设计级配范围的上方、中值及下方。设计合成级配不得有太多的锯齿形交错,且在0.3~0.6mm范围内不出现"驼峰"。当反复调整不能满意时,宜更换材料设计。

B.4.4 根据当地的实践经验选择适宜的沥青用量,分别制作几组级配的马歇尔试件,测定VMA,初选一组满足或接近设计要求的级配作为设计级配。

B.5 马歇尔试验

B.5.1 配合比设计马歇尔试验技术标准按本规范第7章的规定执行。

B.5.2 沥青混合料试件的制作温度按本规范7.2.3规定的方法确定,并与施工实际温度相一致,普通沥青混合料如缺乏黏温曲线时可参照表B.5.2执行,改性沥青混合料的成型温度在此基础上再提高10~20℃。

表 B.5.2　热拌普通沥青混合料试件的制作温度(℃)

施工工序	石油沥青的标号				
	50号	70号	90号	110号	130号
沥青加热温度	160～170	155～165	150～160	145～155	140～150
矿料加热温度	集料加热温度比沥青温度高10～30(填料不加热)				
沥青混合料拌和温度	150～170	145～165	140～160	135～155	130～150
试件击实成型温度	140～160	135～155	130～150	125～145	120～140

注:表中混合料温度,并非拌和机的油浴温度,应根据沥青的针入度、黏度选择,不宜都取中值。

B.5.3　按式(B.5.3)计算矿料混合料的合成毛体积相对密度 γ_{sb}。

$$\gamma_{sb}=\frac{100}{\frac{P_1}{\gamma_1}+\frac{P_2}{\gamma_2}+\cdots+\frac{P_n}{\gamma_n}} \tag{B.5.3}$$

式中:P_1、P_2、…、P_n——各种矿料成分的配比,其和为100;

γ_1、γ_2、…、γ_n——各种矿料相应的毛体积相对密度。

注:1. 沥青混合料配合比设计时,均采用毛体积相对密度(无量纲),不采用毛体积密度,故无需进行密度的水温修正。

2. 生产配合比设计时,当细料仓中的材料混杂各种材料而无法采用筛分替代法时,可将0.075mm部分筛除后以统货实测值计算。

B.5.4　按式(B.5.4)计算矿料混合料的合成表观相对密度 γ_{sa}。

$$\gamma_{sa}=\frac{100}{\frac{P_1}{\gamma'_1}+\frac{P_2}{\gamma'_2}+\cdots+\frac{P_n}{\gamma'_n}} \tag{B.5.4}$$

式中:P_1、P_2、…、P_n——各种矿料成分的配比,其和为100;

γ'_1、γ'_2、…、γ'_n——各种矿料按试验规程方法测定的表观相对密度。

B.5.5　按式(B.5.5-1)或按式(B.5.5-2)预估沥青混合料的适宜的油石比 P_a 或沥青用量为 P_b。

$$P_a=\frac{P_{a1}\times\gamma_{sb1}}{\gamma_{sb}} \tag{B.5.5-1}$$

$$P_b=\frac{P_a}{100+\gamma_{sb}}\times100 \tag{B.5.5-2}$$

式中:P_a——预估的最佳油石比(与矿料总量的百分比)(%);

P_b——预估的最佳沥青用量(占混合料总量的百分数)(%);

P_{a1}——已建类似工程沥青混合料的标准油石比(%);

γ_{sb}——集料的合成毛体积相对密度;

γ_{sb1}——已建类似工程集料的合成毛体积相对密度。

注:作为预估最佳油石比的集料密度,原工程和新工程也可均采用有效相对密度。

B.5.6 确定矿料的有效相对密度

B.5.6.1 对非改性沥青混合料,宜以预估的最佳油石比拌和的2组混合料,采用真空法实测最大相对密度,取平均值。然后由式(B.5.6.1)反算合成矿料的有效相对密度γ_{se}。

$$\gamma_{se}=\frac{100-P_b}{\frac{100}{\gamma_t}-\frac{P_b}{\gamma_b}} \tag{B.5.6.1}$$

式中:γ_{se}——合成矿料的有效相对密度;

P_b——试验采用的沥青用量(占混合料总量的百分数)(%);

γ_t——试验沥青用量条件下实测得到的最大相对密度,无量纲;

γ_b——沥青的相对密度(25℃/25℃),无量纲。

B.5.6.2 对改性沥青及SMA等难以分散的混合料,有效相对密度宜直接由矿料的合成毛体积相对密度与合成表观相对密度按式(B.5.6.2-1)计算确定,其中沥青吸收系数C值根据材料的吸水率由式(B.5.6.2-2)求得,材料的合成吸水率按式(B.5.6.2-3)计算:

$$\gamma_{se}=C\times\gamma_{sa}+(1-C)\times\gamma_{sb} \tag{B.5.6.2-1}$$

$$C=0.033w_x^2-0.2936w_x+0.9339 \tag{B.5.6.2-2}$$

$$W_X=\left(\frac{1}{\gamma_{sb}}-\frac{1}{\gamma_{sa}}\right)\times100 \tag{B.5.6.2-3}$$

式中:γ_{se}——合成矿料的有效相对密度;

C——合成矿料的沥青吸收系数,可按矿料的合成吸水率按式(B.5.6.2-2)求取;

w_x——合成矿料的吸水率,按式(B.5.6.2-3)求取(%);

γ_{sb}——材料的合成毛体积相对密度,按式(B.5.3)求取,无量纲;

γ_{sa}——材料的合成表观相对密度,按式(B.5.4)求取,无量纲。

B.5.7 以预估的油石比为中值,按一定间隔(对密级配沥青混合料通常为0.5%,对沥青碎石混合料可适当缩小间隔为0.3%~0.4%),取5个或5个以上不同的油石比分别成型马歇尔试件。每一组试件的试样数按现行试验规程的要求确定,对粒径较大的沥青混合料,宜增加试件数量。

B.5.8 测定压实沥青混合料试件的毛体积相对密度γ_f和吸水率,取平均值。测试方法应遵照以下规定执行:

B.5.8.1　通常采用表干法测定毛体积相对密度。

B.5.8.2　对吸水率大于2%的试件，宜改用蜡封法测定的毛体积相对密度。

注：对吸水率小于0.5%的特别致密的沥青混合料，在施工质量检验时，允许采用水中重法测定的表观相对密度作为标准密度，钻孔试件也采用相同方法。但配合比设计时不得采用水中重法。

B.5.9　确定沥青混合料的最大理论相对密度

B.5.9.1　对非改性的普通沥青混合料，在成型马歇尔试件的同时，按规范 B.5.6.1 的要求用真空法实测各组沥青混合料的最大理论相对密度 γ_{ti}。当只对其中一组油石比测定最大理论相对密度时，也可按式（B.5.9.2-1）或式（B.5.9.2-2）计算其他不同油石比时的最大理论相对密度 γ_{ti}。

B.5.9.2　对改性沥青或 SMA 混合料宜按式（B.5.9.2-1）或式（B.5.9.2-2）计算各个不同沥青用量混合料的最大理论相对密度。

$$\gamma_{ti} = \frac{100 + P_{ai}}{\dfrac{100}{\gamma_{se}} + \dfrac{P_{ai}}{\gamma_b}} \tag{B.5.9.2-1}$$

$$\gamma_{ti} = \frac{100}{\dfrac{P_{si}}{\gamma_{se}} + \dfrac{P_{bi}}{\gamma_b}} \tag{B.5.9.2-2}$$

式中：γ_{ti}——相对于计算沥青用量 P_{bi} 时沥青混合料的最大理论相对密度，无量纲；

P_{ai}——所计算的沥青混合料中的油石比（%）；

P_{bi}——所计算的沥青混合料的沥青用量，$P_{bi} = P_{ai}/(1 + P_{ai})$（%）；

P_{si}——所计算的沥青混合料的矿料含量，$P_{si} = 100 - P_{bi}$（%）；

γ_{se}——矿料的有效相对密度，按式（B.5.6.1）或式（B.5.6.2-1）计算，无量纲；

γ_b——沥青的相对密度（25℃/25℃），无量纲。

B.5.10　按式（B.5.10-1）~式（B.5.10-3）计算沥青混合料试件的空隙率、矿料间隙率 VMA、有效沥青的饱和度 VFA 等体积指标，取1位小数，进行体积组成分析。

$$VV = \left(1 - \frac{\gamma_f}{\gamma_t}\right) \times 100 \tag{B.5.10-1}$$

$$VMA = \left(1 - \frac{\gamma_f}{\gamma_{sb}} \times \frac{P_s}{100}\right) \times 100 \tag{B.5.10-2}$$

$$VFA = \frac{VMA - VV}{VMA} \times 100 \tag{B.5.10-3}$$

式中：VV——试件的空隙率（%）；

VMA——试件的矿料间隙率（%）；

VFA——试件的有效沥青饱和度(有效沥青含量占 VMA 的体积比例)(%);

γ_f——按规范 B.5.8 条测定的试件的毛体积相对密度,无量纲;

γ_t——沥青混合料的最大理论相对密度,按规范 B.5.9 条的方法计算或实测得到,无量纲;

P_s——各种矿料占沥青混合料总质量的百分率之和,即 $P_s = 100 - P_b$(%);

γ_{sb}——矿料混合料的合成毛体积相对密度,按式(B.5.3)计算。

B.5.11 进行马歇尔试验,测定马歇尔稳定度及流值。

B.6 确定最佳沥青用量(油石比)

B.6.1 以油石比或沥青用量为横坐标,以马歇尔试验的各项指标为纵坐标,将试验结果点入图中,连成圆滑的曲线。确定均符合本规范规定的沥青混合料技术标准的沥青用量范围 $OAC_{min} \sim OAC_{max}$。选择的沥青用量范围必须涵盖设计空隙率的全部范围,并尽可能涵盖沥青饱和度的要求范围,并使密度及稳定度曲线出现峰值。如果没有涵盖设计空隙率的全部范围,试验必须扩大沥青用量范围重新进行。

注:绘制曲线时含 VMA 指标,且应为下凹型曲线,但确定 $OAC_{min} \sim OAC_{max}$ 时不包括 VMA。

B.6.2 根据试验曲线的走势,按下列方法确定沥青混合料的最佳沥青用量 OAC_1。

B.6.2.1 在曲线图上求取相应于密度最大值、稳定度最大值、目标空隙率(或中值)、沥青饱和度范围的中值的沥青用量 a_1、a_2、a_3、a_4。按式(B.6.2-1)取平均值作为 OAC_1。

$$OAC_1 = (a_1 + a_2 + a_3 + a_4)/4 \tag{B.6.2-1}$$

B.6.2.2 如果在所选择的沥青用量范围未能涵盖沥青饱和度的要求范围,按式(B.6.2-2)求取 3 者的平均值作为 OAC_1。

$$OAC_1 = (a_1 + a_2 + a_3)/3 \tag{B.6.2-2}$$

B.6.2.3 对所选择试验的沥青用量范围,密度或稳定度没有出现峰值(最大值经常在曲线的两端)时,可直接以目标空隙率所对应的沥青用量 a_3 作为 OAC_1,但 OAC_1 必须介于 $OAC_{min} \sim OAC_{max}$ 的范围内。否则应重新进行配合比设计。

B.6.3 以各项指标均符合技术标准(不含 VMA)的沥青用量范围 $OAC_{min} \sim OAC_{max}$ 的中值作为 OAC_2。

$$OAC_2 = (OAC_{min} + OAC_{max})/2 \tag{B.6.3}$$

B.6.4 通常情况下取 OAC_1 及 OAC_2 的中值作为计算的最佳沥青用量 OAC。

$$OAC = (OAC_1 + OAC_2)/2 \tag{B.6.4}$$

B.6.5　按 B.6.4 计算的最佳油石比 OAC，从曲线图上得出所对应的空隙率和 VMA 值，检验是否能满足本规范关于最小 VMA 值的要求。OAC 宜位于 VMA 凹形曲线最小值的贫油一侧。当空隙率不是整数时，最小 VMA 按内插法确定，并将其画入曲线图中。

B.6.6　检查曲线图中相应于此 OAC 的各项指标是否均符合马歇尔试验技术标准。

B.6.7　根据实践经验、气候条件、交通情况，调整确定最佳沥青用量 OAC。

B.6.8　按式（B.6.8-1）及式（B.6.8-2）计算沥青结合料被集料吸收的比例及有效沥青含量。

$$P_{ba} = \frac{\gamma_{se} - \gamma_{sb}}{\gamma_{se} \times \gamma_{sb}} \times \gamma_b \times 100 \tag{B.6.8-1}$$

$$P_{be} = P_b - \frac{P_{ba}}{100} \times P_s \tag{B.6.8-2}$$

式中：P_{ba}——沥青混合料中被集料吸收的沥青结合料比例（%）；

P_{be}——沥青混合料中的有效沥青用量（%）；

γ_{se}——集料的有效相对密度，按式（B.5.6-1）计算，无量纲；

γ_{sb}——材料的合成毛体积相对密度，按式（B.5.3）求取，无量纲；

γ_b——沥青的相对密度（25℃/25℃），无量纲；

P_b——沥青含量（%）；

P_s——各种矿料占沥青混合料总质量的百分率之和，即 $P_s = 100 - P_b$（%）。

注：如果需要，可按式（B.6.8-3）及式（B.6.8-4）计算有效沥青的体积百分率 V_b 及矿料的体积百分率 V_g。

$$V_{be} = \frac{\gamma_f \times P_{be}}{\gamma_b} \tag{B.6.8-3}$$

$$V_g = 100 - (V_{be} + VV) \tag{B.6.8-4}$$

B.6.9　检验最佳沥青用量时的粉胶比和有效沥青膜厚度。

B.6.9.1　按式（B.6.9.1）计算沥青混合料的粉胶比，宜符合 0.6～1.6 的要求。对常用的公称最大粒径为 13.2～19mm 的密级配沥青混合料，粉胶比宜控制在 0.8～1.2 范围内。

$$FB = \frac{P_{0.075}}{P_{be}} \tag{B.6.9.1}$$

式中：FB——粉胶比，沥青混合料的矿料中 0.075mm 通过率与有效沥青含量的比值，无量纲；

$P_{0.075}$——矿料级配中 0.075mm 的通过率（水洗法）（%）；

P_{be}——有效沥青含量(%)。

B.6.9.2 按式(B.6.9.2-1)的方法计算集料的比表面,按式(B.6.9.2-2)估算沥青混合料的沥青膜有效厚度。各种集料粒径的表面积系数按表B.6.9.2采用。

$$SA=\sum(P_i\times FA_i) \quad (B.6.9.2\text{-}1)$$

$$DA=\frac{P_{be}}{\gamma_b\times SA}\times 10 \quad (B.6.9.2\text{-}2)$$

式中:SA——集料的比表面积(m^2/kg);

P_i——各种粒径的通过百分率(%);

FA_i——相应于各种粒径的集料的表面积系数,如表B.6.9.2所列;

DA——沥青膜有效厚度(μm);

P_{be}——有效沥青含量(%);

γ_b——沥青的相对密度(25℃/25℃),无量纲。

注:各种公称最大粒径混合料中大于4.75mm尺寸集料的表面积系数FA均取0.0041,且只计算一次,4.75mm以下部分的FA_i如表B.6.9.2示例。该例的SA=6.60m^2/kg。若混合料的有效沥青含量为4.65%,沥青的相对密度1.03,则沥青膜厚度为DA=4.65×10/1.03×6.60=6.83μm。

表B.6.9.2 集料的表面积系数计算示例

筛孔尺寸(mm)	19	16	13.2	9.5	4.75	2.36	1.18	0.6	0.3	0.15	0.075	集料的比表面总和SA(m^2/kg)
表面积系数FA_i	0.0041	—	—	—	0.0041	0.0082	0.0164	0.0287	0.0614	0.1229	0.3277	
通过百分率P_i(%)	100	92	85	76	60	42	32	23	16	12	6	
比表面$FA_i\times P_i$(m^2/kg)	0.41	—	—	—	0.25	0.34	0.52	0.66	0.98	1.47	1.97	6.60

B.7 配合比设计检验

对于所选择的设计级配和所确定的最佳油石比,进行混合料配合比设计检验,应符合本规范7.3.4条的要求。

B.8 配合比设计报告

B.8.1 配合比设计报告应包括工程设计级配范围选择说明、材料品种选择与原材料质量试验结果、矿料级配、最佳沥青用量及各项体积指标、配合比设计检验结果等。试验报告的矿料级配曲线应按规定的方法绘制。

B.8.2 报告不同沥青用量条件下的各项试验结果,并提出对施工压实工艺的技术。

附录 C　SMA 混合料马歇尔试验配合比设计方法

C.1　一般规定

C.1.1　除另有规定外，本方法应遵照附录 B 热拌沥青混合料配合比设计方法的规定执行。

C.1.2　SMA 混合料的配合比设计采用马歇尔试件的体积设计方法进行，马歇尔试验的稳定度和流值并不作为配合比设计接受或者否决的唯一指标。

C.2　材料选择

C.2.1　对用于配合比设计的各种材料按附录 B 规定选择，其质量必须符合本规范第 4 章规定的技术要求。

C.2.2　SMA 宜采用 SBS 改性沥青。

C.3　设计矿料级配的确定

C.3.1　设计初试级配

C.3.1.1　SMA 路面的工程设计级配范围宜直接采用本规范表 7.3.2-1 规定的矿料级配范围。公称最大粒径等于或小于 9.5mm 的 SMA 混合料，以 2.36mm 作为粗集料骨架的分界筛孔，公称最大粒径等于或大于 13.2mm 的 SMA 混合料以 4.75mm 作为粗集料骨架的分界筛孔。

C.3.1.2　在工程设计级配范围内，调整各种矿料比例设计 3 组不同粗细的初试级配，3 组级配的粗集料骨架分界筛孔的通过率处于级配范围的中值、中值 ±3% 附近，矿粉数量均为 10% 左右。

C.3.2　按附录 B 的方法计算初试级配的矿料的合成毛体积相对密度 γ_{sb}、合成表观相

对密度 γ_{sa}、有效相对密度 γ_{se}。其中各种集料的毛体积相对密度、表观相对密度试验方法遵照附录 B 的规定进行。

C.3.3 把每个合成级配中小于粗集料骨架分界筛孔的集料筛除,按《公路工程集料试验规程》T 0309 的规定,用捣实法测定粗集料骨架的松方毛体积相对密度 γ_S,按式(C.3.3)计算粗集料骨架混合料的平均毛体积相对密度 γ_{CA}。

$$\gamma_{CA}=\frac{P_1+P_2+\cdots+P_n}{\frac{P_1}{\gamma_1}+\frac{P_2}{\gamma_2}+\cdots+\frac{P_n}{\gamma_n}} \tag{C.3.3}$$

式中:P_1、P_2、…、P_n——粗集料骨架部分各种集料在全部矿料级配混合料中的配比;

γ_1、γ_2、…、γ_n——各种粗集料相应的毛体积相对密度。

C.3.4 按式(C.3.4)计算各组初试级配的捣实状态下的粗集料松装间隙率 VCA_{DRC}。

$$VCA_{DRC}=(1-\frac{\gamma_S}{\gamma_{CA}})\times 100 \tag{C.3.4}$$

式中:VCA_{DRC}——粗集料骨架的松装间隙率(%);

γ_{CA}——粗集料骨架的毛体积相对密度;

γ_S——粗集料骨架的松方毛体积相对密度(g/cm^3)。

C.3.5 按本规范 B.5.5 条的方法预估新建工程 SMA 混合料的适宜的油石比 P_a 或沥青用量 P_b,作为马歇尔试件的初试油石比。

C.3.6 按照选择的初试油石比和矿料级配制作 SMA 试件,马歇尔标准击实的次数为双面 50 次,根据需要也可采用双面 75 次,一组马歇尔试件的数目不得少于 4 ~ 6 个。SMA 马歇尔试件的毛体积相对密度由表干法测定。

C.3.7 按式(C.3.7)的方法计算不同沥青用量条件下 SMA 混合料的最大理论相对密度,其中纤维部分的比例不得忽略。

$$\gamma_t=\frac{100+P_a+P_x}{\frac{100}{\gamma_{se}}+\frac{P_a}{\gamma_a}+\frac{P_x}{\gamma_x}} \tag{C.3.7}$$

式中:γ_{se}——矿料的有效相对密度,由 B.5.6.1 确定;

P_a——沥青混合料的油石比(%);

γ_a——沥青结合料的表观相对密度;

P_x——纤维用量,以沥青混合料总量的百分数代替(%);

γ_x——纤维稳定剂的密度,由供货商提供或由比重瓶实测得到。

C.3.8　按式(C.3.8)计算 SMA 马歇尔混合料试件中的粗集料骨架间隙率 VCA_{mix},试件的集料各项体积指标空隙率 VV、集料间隙率 VMA、沥青饱和度 VFA 按本规范附录 B 的方法计算。

$$VCA_{mix} = \left(1 - \frac{\gamma_f}{\gamma_{ca}} \times P_{CA}\right) \times 100 \qquad (C.3.8)$$

式中:P_{CA}——沥青混合料中粗集料的比例,即大于 4.75mm 的颗粒含量(%);

γ_{ca}——粗集料骨架部分的平均毛体积相对密度,由式(C.3.3)确定;

γ_f——沥青混合料试件的毛体积相对密度,由表干法测定。

C.3.9　从 3 组初试级配的试验结果中选择设计级配时,必须符合 $VCA_{mix} < VCA_{DRC}$ 及 VMA > 16.5% 的要求,当有 1 组以上的级配同时符合要求时,以粗集料骨架分界集料通过率大且 VMA 较大的级配为设计级配。

C.4　确定设计沥青用量

C.4.1　根据所选择的设计级配和初试油石比试验的空隙率结果,以 0.2% ~0.4% 为间隔,调整 3 个不同的油石比,制作马歇尔试件,计算空隙率等各项体积指标。一组试件数不宜少于 4 ~6 个。

C.4.2　进行马歇尔稳定度试验,检验稳定度和流值是否符合本规范规定的技术要求。

C.4.3　根据希望的设计空隙率,确定油石比,作为最佳油石比 OAC。所设计的 SMA 混合料应符合本规范 5.3 条规定的各项技术标准。

C.4.4　如初试油石比的混合料体积指标恰好符合设计要求时,可以免去这一步,但宜进行一次复核。

C.5　配合比设计检验

除附录 B 规定项目外,SMA 混合料的配合比设计还必须进行谢伦堡析漏试验及肯特堡飞散试验。配合比设计检验应符合本规范 5.3 条的技术要求。不符合要求的必须重新进行配合比设计。

C.6　配合比设计报告

配合比设计结束后,必须按附录 B 的要求及时出具配合比设计报告。

附录D　沥青混合料 Superpave 配合比设计方法

D.1　一般规定

D.1.1　本方法适用于采用旋转压实仪进行密级配热拌沥青混合料配合比设计。

D.1.2　Superpave 配合比设计应通过目标配合比设计、生产配合比设计和生产配合比验证三个阶段,确定沥青混合料的原材料品种、矿料级配和最佳沥青用量。

D.1.3　采用小型沥青混合料拌和机拌和混合料,拌好的混合料应在压实温度下短期老化 2h,才能采用旋转压实仪制备混合料试件。

D.1.4　混合料采用体积设计方法进行配合比设计,并用马歇尔试验作相关性能检验。

D.2　Superpave 配合比设计步骤

D.2.1　原材料的选用与试验

Superpave 配合比的各种矿料、沥青和添加剂应满足本规范材料技术要求,取样要具有代表性。

D.2.2　矿料配比设计

(1)根据经验和规范要求确定设计级配范围,在级配范围内选择粗、中、细三个矿料级配,级配均应在限制区外的下方。

(2)按式(B.5.5-1)预估沥青混合料初始油石比 P_a,拌制沥青混合料,用旋转压实仪在 0.6MPa 压力下制备试件,每种级配 3 个试件。

(3)按附录 B 的方法计算矿料的合成毛体积相对密度 γ_{sb}、合成表观相对密度 γ_{sa} 和有效相对密度 γ_{se},并确定沥青混合料的最大理论密度 γ_t,从而计算试件的压实度、空隙率、VMA、VFA 和 DP。

(4)选取符合 Superpave 混合料设计要求的矿料级配作为设计级配,如果有两个或两个以上级配满足要求时,应选取 VMA 较大者作为设计级配。

D.2.3　确定最佳沥青用量

（1）根据式（D.2.3）估算设计压实次数为 N 的试件空隙率 4% 的沥青用量 P_b。

$$P_{b,估算} = P_{b,初始} - [0.4 \times (4 - V_a)] \tag{D.2.3}$$

式中：$P_{b,估算}$——估算的沥青用量（%）；

$P_{b,初始}$——初始的沥青用量（%）；

V_a——初始沥青用量沥青混合料在设计压实次数为 N 时的空隙率（%）。

（2）用 $P_{b,估算}$、$P_{b,估算}\pm0.5\%$、$P_{b,估算}\pm1.0\%$ 五个沥青用量与设计级配制备沥青混合料，用旋转压实仪成型试件，测定试件压实度、空隙率、VMA、VFA、DP，取设计压实次数试件空隙率 4% 的沥青用量为配合比设计用量。

D.2.4　设计沥青用量的检验

用设计沥青用量和设计级配制备旋转压实试件，检验设计压实次数沥青混合料体积性质，同时制备马歇尔试件和其他性能指标试件并进行性能检验，应符合 Superpave 混合料设计要求。

D.2.5　配合比设计报告

根据附录 B 的要求编制配合比设计报告。

附录E　旋转压实剪切试验GTM设计沥青混合料成型方法

E.1　目的和适用范围

本方法适用于采用旋转压实剪切试验方法成型沥青混合料的各种试件。

圆柱形试件尺寸:直径分别是10.16cm(4in)、15.24cm(6in)、20.32cm(8in)三种试模。需依据试验材料的最大粒径来选择试模的规格。试验材料的最大粒径不大于试模直径的1/4,如直径是10.16cm的试模其允许试验材料的最大粒径是2.54cm,其余类推。在满足材料粒径与试模直径比值关系的前提下优先选用最小试模。

E.2　仪器设备

(1)旋转压实剪切试验机GTM(主机结构示意图见图E.2-1,旋转剪切试验示意图见图E.2-2)。

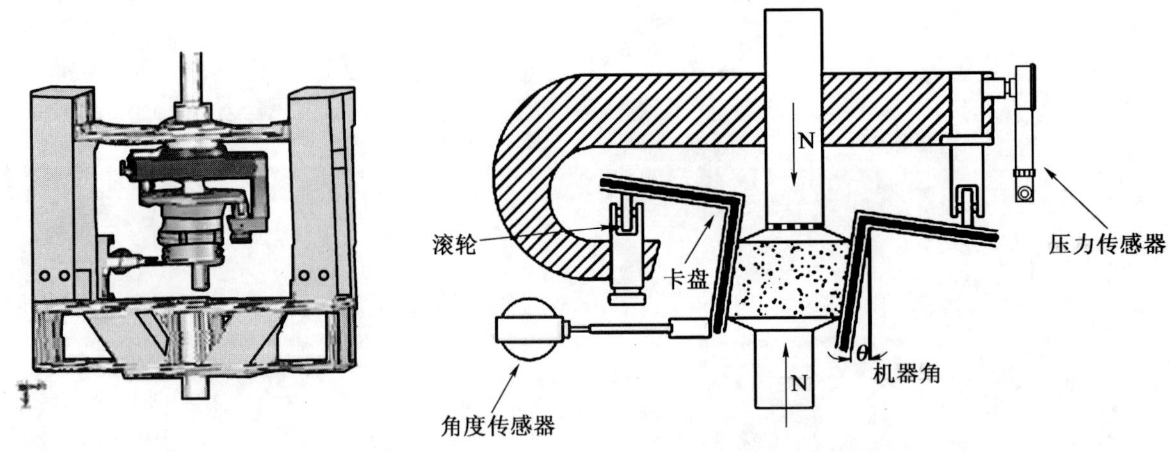

图E.2-1　主机结构示意图　　图E.2-2　旋转剪切试验示意图

(2)天平或电子秤:称量矿料的感量不大于0.5g;用于称量沥青的,感量不大于0.1g。

(3)标准筛:包含0.07~26.5mm粒径。

(4)沥青混合料拌和机:能保证拌和温度并充分拌和均匀,可控制拌和温度,容量不小于10L。

(5)脱模器。

其他:插刀,滤纸,刮刀等。同《公路工程沥青及沥青混合料试验规程》(JTJ 052—2000)T 0702所述一致。

E.3 混合料准备

同《公路工程沥青及沥青混合料试验规程》(JTJ 052—2000)T 0702 所述一致。

测试时应该准备充足的材料,以沥青混合料试验为例,试验时需至少准备3组不同沥青含量样品,每组为4个样品,每组样品沥青含量差设为0.5%。每个样品中的原料量应该计算好,以便在压实过程中试样能近似达到期望最终高度。

在烤炉中加热混合物到期望的混合温度,然后称出所需要的沥青量,在期望的温度下将其加入到混合物中将混合物和沥青充分搅拌。搅拌温度应该符合期望温度,即铺路混合料配制过程中的温度。

给每组样品贴上标签,以便分辨每种样品的原料重量和沥青百分比含量。

GTM 有不同的试模,每一种试模需要配置一个相应的上压头和下压头,安装上压头时对准弹簧开口处,将压头倾斜45°,用力向上推即可装上,拆下时用力下拉上压头,弹簧被张开,上下压头落下,此时不能松手,防止上压头砸在工作台上。每一种试模需要配置一个相应的扩展头,试模加载前必须正确地将扩展头安装在下顶杆的头部。

E.4 试验步骤

E.4.1 通电,并打开计算机,在进行沥青混合料试验时应提前打开控制面板上的加热开关。

E.4.2 进入控制软件,选择要进行的试验类型。

E.4.3 在界面中输入试验参数,主要包括试样尺寸,压强,滚轮类型,及基础机器角等。

E.4.4 按照软件中计算出的气压装置压强值设置上滚轮的压强,首先把气泵和汽缸连接起来开动气泵。

E.4.5 将配好的混合料装载到试模内,将面板上的加热开关关闭,压杆控制旋钮处于停止位,将试模放置在下顶杆上。

E.4.6 手按控制面板上的液压启动按钮来控制液压系统启动。

E.4.7 将下压头、试模一起装在下顶杆的扩展头上面,用脚踩开关控制下顶杆上升。

E.4.8 上升到合适位置后,把控制面板上的压杆控制旋钮打到上升一挡。

E.4.9 安装并固定卡盘。

E.4.10 把试验机的门关好。

E.4.11 通过控制面板上调节旋转速度的旋钮来调节旋转架的旋转速度,刚开始启动的时候不能设置太高,等开始试验后再行调节。然后就可以点击控制软件中的“开始”按钮,试验开始。

E.4.12 在“自动”模式下计算机会自动检测试样状态,达到终止条件后会自动控制停止旋转,在第一次停止旋转后的10s中内旋转速度会调节到5r/min,10s后设备又一次开始旋转,1转以后会自动停止并准确的定位。

E.4.13 试验停止后,通过点击计算机软件界面上的“试验结果”和“详细数据”两个按钮分别查看(打印)试验结果和详细的试验数据。

E.4.14 试验完毕后关闭加热开关,并拆卸试模。

E.4.15 把试模拆卸下来以后,关闭液压系统。

E.5 试验结果分析

通过试验数据可绘制GSI、GSF、毛体积相对密度三项指标随沥青含量不同的走势曲线,选择GSI不大于1.05,且GSF不小于1.3时的沥青用量作为设计沥青用量。在密度曲线上查出设计沥青用量对应的密度作为目标配合比标准密度。

附录 F　回弹弯沉值的计算与检验

F.1　土基回弹模量的调整

由于设计中采用的土基回弹模量计算值是针对不利季节的，而施工中的弯沉值检验往往是在非不利季节进行的，因此，需先将土基回弹模量计算值 E_0 按式(F.1)调整到相当于非不利季节的值 E_0'。

$$E_0' = K_1 E_0 \tag{F.1}$$

式中：K_1——季节影响系数，不同地区取值范围为 1.2 ~ 1.4，各地可根据经验确定。

F.2　土基顶面的回弹弯沉计算值

土基顶面的回弹弯沉值按回归方程式(F.2)计算。

$$l_0 = 9\,308 E_0'^{-0.938} \tag{F.2}$$

式中：E_0'——土基回弹模量(MPa)；

l_0——土基顶面的回弹弯沉计算值(0.01mm)。

例如，土基回弹模量测量值 $E_0 = 50$MPa，如该地区土基的季节影响系数为 1.2，则土基回弹模量的调整值 E_0'为 60MPa，将此值代入式(F.2)，得相应的回弹弯沉计算值如下：

$$l_0 = 9\,308 \times 60^{-0.938} = 200 \times 10^{-2}\text{mm}$$

这个值就是对土基进行弯沉值检验时的标准值，也即土基应达到的标准值。进行弯沉测量后，路段的代表弯沉值 $l_0 + 2S$ 应小于此标准值。

F.3　底基层顶面回弹弯沉计算步骤

(1)利用土基和底基层材料的回弹模量计算值 E_0 和 E_1 以及底基层的厚度 h_1(cm)，计算模量比 K_1E_0/K_2E_1 及比值 h_1/δ[δ 为单个轮迹当量圆的半径(cm)，对于黄河卡车，$\delta = 10.75$cm；K_2 为底基层材料的季节影响系数，可取 1.1 ~ 1.2]。

(2)查附图 F.4，得底基层表面弯沉系数 α_L。

(3)弯沉综合修正系数 F 按式(F.3-1)计算。

$$F = 3.643 \alpha_L^{1.851\,9} \tag{F.3-1}$$

(4)按式(F.3-2)计算底基层顶面的回弹弯沉计算值 l_1，即标准值。

$$l_1 = \frac{2P\delta}{E_0 K_1}\alpha_L F(\text{cm}) \tag{F.3-2}$$

式中:P——后轴重100kN载货汽车轮胎的单位压力,对于黄河载货汽车,可取0.7MPa;

K_1——季节影响系数,不同地区取值范围为1.2~1.4。

F.4 基层(厚度 h_2)顶面弯沉值计算步骤

(1)按附图F.4查得底基层顶面的弯沉系数 α_L。

(2)将具有回弹模量 E_1 和厚度 h_1 的底基层换算为与基层材料相当(即具有回弹模具 E_2)的厚度 h_2^1,为此,根据弯沉系数 α_L 和比值 KE_0/KE_2(K_3 为基层材料的季节影响系数,可取1.05~1.0,无塑性指数的级配碎石取低值,有塑性指数的级配碎石、级配碎石、填隙碎石取高值)由图F.4查得相应的 h_2^1/δ 值。

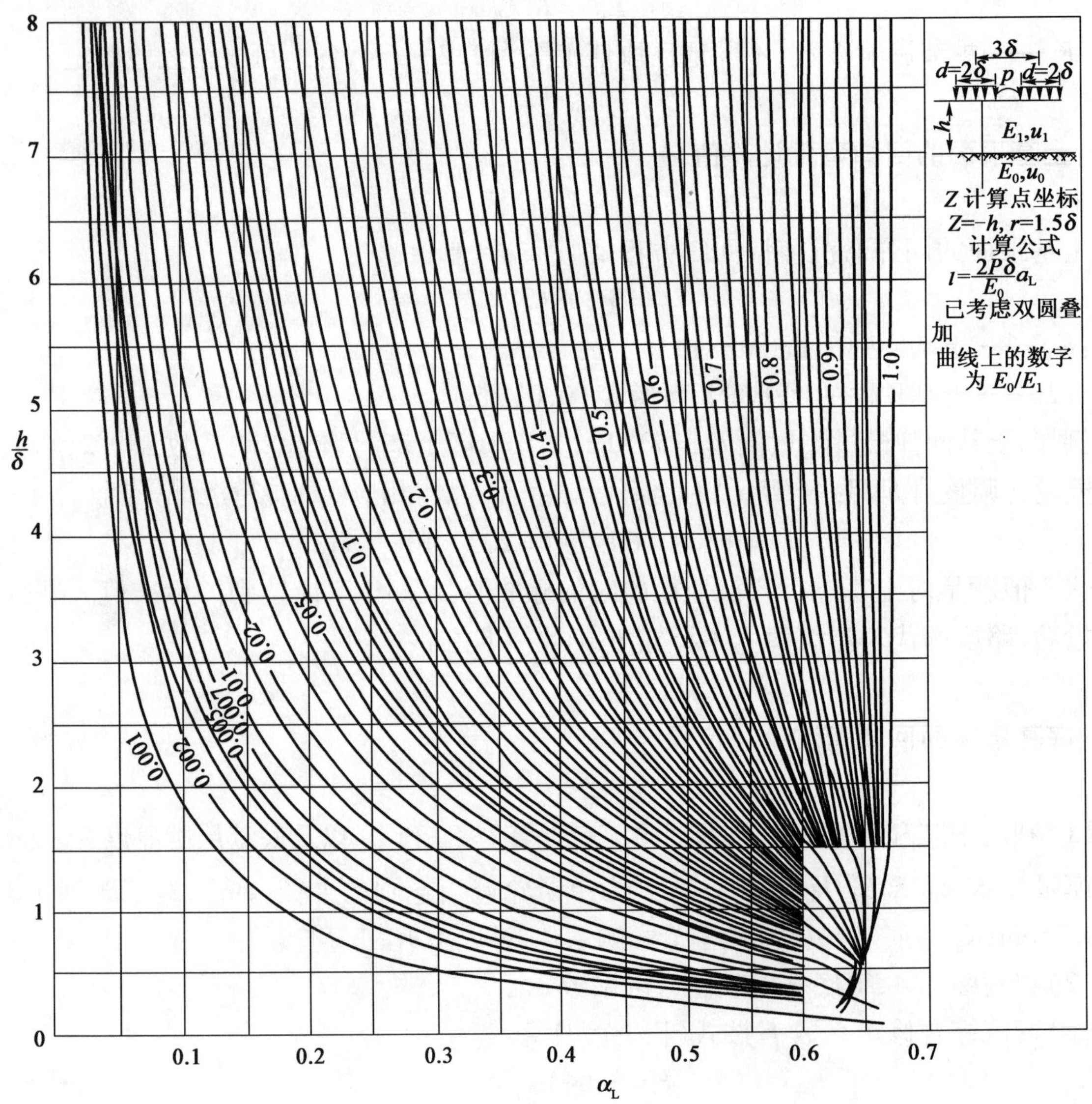

图F.4 双层体系表面弯沉系数图

(3)由 h_2/δ 与 h_2^1/δ 之和及 K_1E_0/K_3E_2 的值,从图 F.4 查得相应的 α_L。

(4)按式(F.3-1)计算相应于 α'_L 的弯沉综合修正系数。

(5)按式(F.4-1)计算基层顶面应有的回弹弯沉计算值 l_2,即标准值。

$$l_2=\frac{2P\delta}{K_1E_0}\alpha'_LF(\text{cm}) \tag{F.4-1}$$

上述计算当量厚度的方法,也可由下述简化方法代替。即将厚度 h_1 的底基层按式(F.4-2)换算为与基层材料相当的厚度 h_2^1:

$$h_2^1=h_1\sqrt[3]{E_1/E_2} \tag{F.4-2}$$

当底基层和基层超过一层而且每层材料的回弹模量不同时,可同样按上述方法计算各层顶面应达到的回弹弯沉值,即标准值。

附录G 沥青路面质量过程控制及总量检验方法

G.1 为做好沥青混合料生产过程中的实时控制,及时发现各项生产参数是否符合配合比设计要求,采用间歇式拌和机生产沥青混合料时,必须配备计算机自动采集及自记打印数据的装置,进行沥青混合料的“过程控制”(在线监测)和总量检验。

G.2 开始拌和前应设定每拌和一盘沥青混合料的生产量,各个热料仓、矿粉、沥青等的标准配合比用量,设定各项施工温度。拌和过程中计算机通过传感器采集每拌和一盘混合料的各项数据,由计算机自动处理或者逐盘打印这些数据,进行沥青混合料质量的在线监测。当计算机能够实时监测、自动处理、显示、保存所采集的各项数据时,也允许不逐锅打印数据,只打印汇总统计值。

注:拌和机的各种称重传感器必须逐个经过认真标定,自动采集、记录打印的结果应经过校验,如与实际数量有差值时应求出修正系数,保证各项施工参数的准确性。

G.3 计算机必须逐盘采集各项数据,按各个料仓的筛分曲线,逐锅计算出矿料级配,与工程设计级配范围及容许的施工波动范围进行比较,实时评定矿料级配是否符合要求。当发现有不合格的情况,必须引起注意,如果连续3锅以上都出现不合格情况时,宜对设定值适当调整。

注:各个料仓的筛分结果应按本规范的取样方法定期检测,施工过程中应经常检查是否有大的变化,利用新的筛分结果计算矿料级配,必要时适当调整配合比的设定值,以确保符合实际情况,达到标准配合比的要求。

G.4 计算机必须逐盘采集沥青结合料的实际使用量及沥青混合料的生产量,计算油石比(或沥青用量),与设计值及容许的波动范围相比较,评定是否符合要求。如果连续3锅以上不符要求时,宜对设定值适当调整。

G.5 计算机必须实时监测和采集与沥青混合料生产有关的各种施工温度,与本规范的要求进行比较,评定是否符合要求。

G.6 总量检验的报告周期可以是一个工作日或一个台班。施工停止时,计算机应自动计算并及时打印出各项数据的统计结果。其中沥青混合料的矿料级配可以是全部筛孔,但评定是否符合要求可只对5个控制性筛孔(0.075mm、2.36mm、4.75mm、公称最大粒径、一档较粗的控制性粒径等筛孔)。并按式(G.6-1)、式(G.6-2)、式(G.6-3)计算全过程各种指标的平均值、标准差、变异系数,进行沥青混合料生产质量的总量检验。

$$K_0 = \frac{K_1 + K_2 + \cdots + K_n}{N} \qquad (G.6\text{-}1)$$

$$S\sqrt{\frac{(K_1-K_0)^2+(K_2-K_0)^2+\cdots+(K_n-K_0)^2}{N-1}} \tag{G.6-2}$$

$$C_V=\frac{S}{K_0} \tag{G.6-3}$$

式中：　K_0——该报告周期的平均值(%)；

S——一个报告周期的测定值的标准差(%)；

C_V——一个报告周期的测定值的变异系数(%)；

K_1、K_2、…、K_n——该报告周期内每一盘的测定值(%)；

N——该报告周期内总的拌和盘数，其自由度为 $N-1$。

G.7　利用一个评定周期的沥青混合料总生产量、施工总面积、沥青混合料密度按式(G.7)计算该摊铺层的平均压实厚度：

$$H=\frac{\sum Sm_i}{A\times d}\times 1\,000 \tag{G.7}$$

式中：H——该评定周期沥青路面摊铺层的平均施工压实厚度(mm)；

m_i——每一盘沥青混合料的质量，脚标 i 为依次记录的盘次，$\sum m_i$ 为一个评定周期内沥青混合料的总生产量(t)；

A——该评定周期沥青路面摊铺层的总面积，当遇有加宽等情况时，铺筑面积应按实际计算(m_2)；

d——评定周期内摊铺层的现场压实密度的平均值，由钻孔试件的干燥密度(即实验室标准密度乘以压实度)测定得到(t/m^3)。

G.8　沥青混合料生产过程中的动态质量管理按附录F的方法进行。

G.9　一个沥青层全部铺筑完成后，应绘制出各个检测指标的变化过程，并计算总的平均值、标准差、变异系数。计算各个指标的总合格率，作为施工质量检验的依据。

G.10　计算机采集、计算的沥青混合料过程控制及施工质量总量检验的数据图表，均必须按要求随工程档案一起存档。

附录 H 沥青层压实度评定方法

H.1 沥青路面的压实度采取重点进行碾压工艺的过程控制,适度钻孔抽检压实度校核的方法。钻孔取样应在路面完全冷却后进行,对普通沥青路面通常在第二天取样,对改性沥青及 SMA 路面宜在第三天以后取样。沥青面层的压实度按式(H.1)计算。

$$K=\frac{D}{D_0}\times 100 \tag{H.1}$$

式中:K——沥青层某一测定部位的压实度(%);

D——由试验测定的压实沥青混合料试件实际密度(g/cm^3);

D_0——沥青混合料的标准密度(g/cm^3)。

H.2 施工及验收过程中的压实度检验不得采用配合比设计时的标准密度,应按如下方法逐日检测确定。

H.2.1 以实验室密度作为标准密度,即沥青拌和厂每天取样 1~2 次实测的马歇尔试件密度,取平均值作为该批混合料铺筑路段压实度的标准密度。其试件成型温度与路面复压温度一致。当采用配合比设计时,也可采用其他相同的成型方法的实验室密度作为标准密度。

H.2.2 以每天实测的最大理论密度作为标准密度。对普通沥青混合料,沥青拌和厂在取样进行马歇尔试验的同时以真空法实测最大理论密度,平行试验的试样数不少于 2 个,以平均值作为该批混合料铺筑路段压实度的标准密度;但对改性沥青混合料、SMA 混合料以每天总量检验的平均筛分结果及油石比平均值计算的最大理论密度为准,也可采用抽提筛分的配合比及油石比计算最大理论密度。确定最大理论密度的方法按附录 B 的规定进行。

H.2.3 以试验路密度作为标准密度。用核子密度仪定点检查密度不再变化为止。然后取不少于 15 个钻孔试件的平均密度为计算压实度的标准密度。

H.2.4 可根据需要选用实验室标准密度、最大理论密度、试验路密度中的 1~2 种作为钻孔法检验评定的标准密度。

H.2.5　施工中采用核子密度仪等无破损检测设备进行压实度控制时,宜以试验路密度作为标准密度,核子密度仪的测点数不宜少于 39 个,取平均值,但核子密度仪需经标定认可。

H.3　压实度钻孔频率、合格率评定方法等按第 11 章的要求执行。

H.4　在交工验收阶段,一个评定路段的压实度以代表值和极值评定压实度是否合格。

H.4.1　一个评定路段的平均压实度、标准差、变异系数按式(H.4.1-1)~式(H.4.1-3)计算。

$$K_0 = \frac{K_1 + K_2 + \cdots + K_n}{N} \tag{H.4.1-1}$$

$$S = \sqrt{\frac{(K_1 - K_0)^2 + (K_2 - K_0)^2 + \cdots + (K_n - K_0)^2}{N - 1}} \tag{H.4.1-2}$$

$$C_V = \frac{S}{K_0} \tag{H.4.1-3}$$

式中:　K_0——该评定路段的平均压实度(%);

S——一个评定路段的压实度测定值的标准差(%);

C_V——一个评定路段的压实度测定值的变异系数(%);

K_1、K_2、…、K_n——该评定路段内各测定点的压实度(%);

N——该评定路段内各测定点的总数,其自由度为 $N-1$。

H.4.2　一个评定路段的压实度代表值按式(H.4.2)计算。

$$K' = K_0 - \frac{t_\alpha S}{\sqrt{N}} \tag{H.4.2}$$

式中:K'——一个评定路段的压实度代表值(%);

t_α——t 分布表中随自由度和保证率而变化的系数见附表 H.4.2。当测点数大于 100 时,t_α 取 1.644 9。

表 H.4.2　$t_\alpha\sqrt{N}$的值

测 点 数 N	$t_\alpha/\sqrt{N}$	测 点 数 N	$t_\alpha\sqrt{N}$
2	4.465	10	0.580
3	1.686	11	0.546
4	1.177	12	0.518
5	0.953	13	0.494
6	0.823	14	0.473
7	0.734	15	0.455
8	0.670	16	0.438
9	0.620	17	0.423

续上表

测 点 数 N	$t_\alpha/\sqrt{N}$	测 点 数 N	$t_\alpha \sqrt{N}$
18	0.410	28	0.322
19	0.398	29	0.316
20	0.387	30	0.310
21	0.376	40	0.266
22	0.367	50	0.237
23	0.358	60	0.216
24	0.350	70	0.199
25	0.342	80	0.186
26	0.335	90	0.175
27	0.328	100	0.166

注:本表适用于压实度、厚度等单边检验要求的情况,保证率为95%。

附录 I　施工质量动态管理方法

I.1　施工单位应以试验检测质量指标的变异系数（或标准差）作为施工水平的主要评价指标。施工单位应总结经验，自行建立各项施工质量指标变异系数的允许界限值，作为企业管理的目标。

I.2　高速公路施工过程中，施工单位宜利用计算机建立工程质量数据库，随时输入各项数据，绘制逐次检测结果 X 或逐日检测结果平均值 $\overline{X}$ 的曲线。检查试验数据是否超出本规范允许的误差范围，发现有不符要求的情况时应认真分析其原因并采取措施。同时分阶段（一定日期或距离）计算出逐日结果平均值的平均值 $\overline{\overline{X}}$（期望值）、极差 R、标准差 S 及变异系数 C_v，汇总整理。记录的内容应包括取样地点、试验员、试验项目、试验方法、试验结果及合格与否的评定（合格率）等。

I.3　施工质量控制宜采取平均值和极差管理图 $\overline{X}-R$ 的方法，将试验结果逐次绘制管理图（图 I.3-1），同时随着施工的进展，绘制施工质量直方图正态分布曲线（图 I.3-2）。当发现标准差及变异系数有增大倾向时，应分析原因，研究对策。

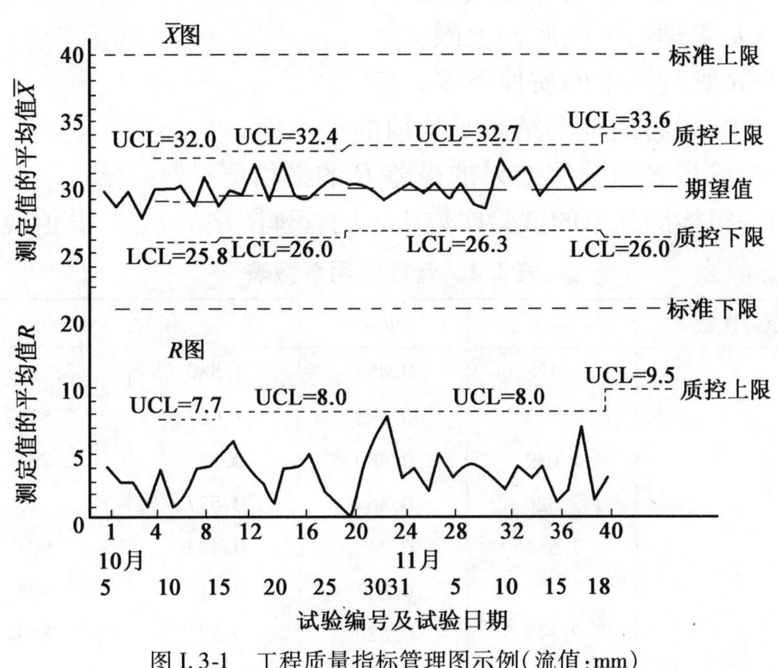

图 I.3-1　工程质量指标管理图示例（流值：mm）

I.4　在 $\overline{X}-R$ 管理图中应以平均值 $\overline{X}$ 作为中心线 CL，并标出质控上限 UCL 和质控下限 LCL 表示允许的施工正常波动范围。当有超出质控上、下限范围时，应视为施工异常或

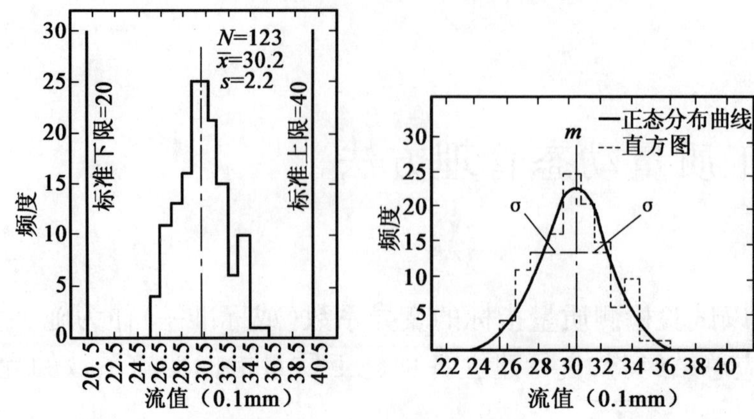

图 I.3-2　工程质量指标检测结果的直方图及正态分布曲线示例

试验数据异常。中心线、质控上限、质控下限按式(I.4-1)~式(I.4-6)计算。

$\overline{X}$ 图中：

$$\mathrm{CL}=\overline{\overline{X}} \tag{I.4-1}$$

$$\mathrm{UCL}=\overline{\overline{X}}+A_2\overline{R} \tag{I.4-2}$$

$$\mathrm{LCL}=\overline{\overline{X}}-A_2\overline{R} \tag{I.4-3}$$

R 图中：

$$\mathrm{CL}=\overline{R} \tag{I.4-4}$$

$$\mathrm{UCL}=D_4\overline{R} \tag{I.4-5}$$

$$\mathrm{UCL}=D_3\overline{R} \tag{I.4-6}$$

式中：CL——$\overline{X}-R$ 管理图中的中心线(期望值)；

UCL——$\overline{X}-R$ 管理图中的质控上限；

LCL——$\overline{X}-R$ 管理图中的质控下限；

$\overline{\overline{X}}$——一个阶段各组检测结果平均值的平均值；

$\overline{R}$——一个阶段各组检测结果的极差 R 的平均值；

A_2、D_3、D_4——由一组检测结果的试验次数决定的管理图用的系数，其值应按表 I.4 确定。

表 I.4　管理图用系数表

一组检测结果的试验次数 n	d_2	d_3	A_2	D_4	D_3
2	1.128	0.853	1.880	3.267	—
3	1.693	0.888	1.023	2.575	—
4	2.059	0.880	0.729	2.282	—
5	2.326	0.864	0.577	2.115	—
6	2.534	0.848	0.483	2.004	
7	2.704	0.833	0.419	1.924	0.076
8	2.847	0.820	0.373	1.864	0.136
9	2.970	0.808	0.337	1.816	0.184
10	3.078	0.797	0.308	1.777	0.223
∞	—	—	$\frac{3}{d_2\sqrt{n}}$	$1+3\frac{d_3}{d_2}$	$1-3\frac{d_3}{d_2}$

I.5　在 $\overline{X}-R$ 管理图和直方图中可标出本规范附录 E 规定的质量标准或允许差范围。当有超出此范围,即施工不合格时,应予处理。

I.6　在 $\overline{X}-R$ 管理图和直方图中可标出企业管理的目标的允许范围。当有超出此范围,即施工水平下降时,应研究对策。

I.7　施工质量动态管理工作宜借助于电子计算机进行。各级工程管理部门宜随时查询或检查所有的数据。

I.8　施工结束后,施工单位宜汇总全部数据,计算出平均值、标准差及变异系数,绘制整个工程的施工质量直方图或正态分布曲线,作为下一个工程的企业管理目标。数据库及动态质量管理的内容应制成光盘等以便于长期保存。